AF140595

Giovanna Di Carlo

Meiner Seele beraubt

novum pro

Dieses Buch ist auch als
e-book
erhältlich.

www.novumverlag.com

Bibliografische Information
der Deutschen Nationalbibliothek:

Die Deutsche Nationalbibliothek
verzeichnet diese Publikation in
der Deutschen Nationalbibliografie.
Detaillierte bibliografische Daten
sind im Internet über
http://www.d-nb.de abrufbar.

© 2021 novum Verlag

ISBN 978-3-99107-398-7
Lektorat: Birgit Himmüller
Umschlagfoto:
Photobac | Dreamstime.com
Umschlaggestaltung, Layout & Satz:
novum Verlag
Autorenfoto: Dana Reck

Gedruckt in der Europäischen Union
auf umweltfreundlichem, chlor- und
säurefrei gebleichtem Papier.

www.novumverlag.com

Danksagung ...

Ich möchte meiner wundervollen Mutter danken, die mir unendlich viel Liebe und den Mut groß zu träumen mitgegeben hat. Und ich danke meinem Bruder und meinen beiden Schwestern dafür, dass sie nie an mir gezweifelt haben, ohne sie wäre dieses Buch niemals möglich gewesen. Ich bin unglaublich stolz, Teil dieser wundervollen Familie zu sein.

Ich möchte aber auch meiner besten Freundin Maria danken, die mich zu einem Teil ihrer Familie gemacht hat und mich in allem unterstützt und gestärkt hat.

Ich danke dir Melanie, dass du mir immer dann, wenn ich mich verloren glaubte, gesagt hast, dass ich eine besondere Gabe habe und an mich glauben soll.

Vor vielen Jahren, als ich mental nicht auf der Höhe war, gebrochen von meiner Vergangenheit und in einer unglücklichen Beziehung. Immer der Meinung, ich sei an vielen Geschehnissen alleinig schuld, suchte ich einen Mentaltrainer auf. Abgesehen davon, dass er mir wirklich sehr geholfen hat, fragte er mich: „Was würdest du gerne tun?". Ich erzählte ihm von der Idee, ein Buch zu schreiben. Dass es um die Gefühle ginge, die alte kranke Menschen haben, wenn sie in ihrer Krankheit gefangen sind und von all den Menschen um sie herum ausschließlich als alt, krank und gebrechlich gesehen werden. Ich wollte von den Schmerzen und den Ängsten schreiben, die diese Menschen manchmal uns Menschen gegenüber äußern. Ich wollte über all die seltenen zauberhaften Momente erzählen, die ich erlebt habe und die es wert sind, erzählt zu werden, die besondere Einblicke geben und uns aus dem Ich-Gefühl in ein Wir-Gefühl versetzen. Der Mentaltrainer hatte dann aber wieder einen Grund, um erforschen zu können, was mich dazu antrieb. Seiner Meinung nach wollte ich dieses Buch nur schreiben, weil ich selbst Ängste in mir hätte und das Gefühl, dass die Menschen um mich herum diese nicht sehen oder wahrnehmen. Ich müsse diese Ängste bekämpfen und so ein Buch sei einfach nur Ausdruck meiner nach Hilfe suchenden Seele. Wissen sie was? Er könnte Recht gehabt haben, vielleicht hatte ich Angst, mein Selbst zu suchen oder sogar Angst, dieses zu finden. Doch nach all dem Lernen und Finden habe ich nach all den Jahren diese Idee nie aufgeben können. *Mir wurde immer mehr eines klar. Ich lebe in einer Zeit, in der Selbstfindung in aller Munde ist. Meditation und Selbsthilfegruppen, Tai Chi, Yoga und was auch immer man zum mentalen Ausgleich praktiziert, es gibt Hunderte Wege zur Lösung. Lösungen, die uns in dieser „neuen Zeit" unbegrenzt zur Verfügung stehen. Aber was wir alles heute als Lösungen vor uns sehen und immer wieder ausprobieren können, diese Wege gab es vor 60, 70 oder sogar 80 Jahren nicht. Diese Generation, die mir immer im Kopf herumschwirrte, hatte keinen Ausweg, keine Perspektive, keine Auszeit. Es zählte nur das Hier und Jetzt, das nackte Überleben, man hatte keine Zeit, sich selbst zu suchen und erst recht keine Zeit, sich zu finden. Die Familie war das einzige, was sie hatten, und oft war Hunger der einzige Gast. Was ist mit diesen Menschen geschehen? Wohin sind ihre Ängste entrückt? Was ist mit ihren verletzten Seelen, wo sind diese hin? Kein Mentaltrainer, der ihnen helfen konnte, keine Selbsthilfegruppe, und glauben Sie nicht, dass man mit irgendeinem Angehörigen darüber gesprochen hat, was einen bewegt. Nein, es war tabu, es wurde totgeschwiegen, weil es zu der Zeit als ungehörig und egoistisch galt, sich Menschen anzuvertrauen. Ängste waren einfach nicht in deren Wortschatz zu finden. Die Worte „Angst", „Ich" und „Selbstbewusstsein" haben wir im Duden der neuen Zeit scheinbar unterstrichen, dick markiertbegleiten sie unsere Zeit.*

In einer Zeit, in der jeder von seinen Ängsten und Träumen redet und keiner sich mokiert, wenn man erzählt, dass man einen Psychologen konsultiert, um sich selbst zu finden, scheint es unwirklich zu sein, dass es eine Gesellschaft gibt, die stumm ihr Dasein fristet und schweigt. Aber schweigt sie wirklich oder rebelliert sie nur stumm und sind diese Menschen wirklich stumm?

In ihnen steckt im Verborgenen all das, was wir heute frei äußern und tausendfach an uns analysieren und analysieren lassen. Die wichtigste Frage ist: Wo ist die Angst, dieses betäubende Gefühl zu ersticken, bei diesen Menschen geblieben? Oder glauben Sie wirklich, dass diese Menschen die Kunst besaßen, ihre Ängste einfach in Luft auflösen zu können? Glauben Sie das wirklich? Wir wissen von uns selbst, wir können die in uns schlummernde Angst und auch all unsere Gefühle für eine Weile vergraben, aber wir wissen auch, wie uns das belasten kann und schlussendlich kann es uns krank machen, wenn wir alles in uns behalten. Ein Geheimnis, das uns auffrisst, eine Angst, die uns die Luft zum Atmen nimmt. Ja, manchmal hat es uns so belastet, dass wir glaubten, dem Wahnsinn nahe zu sein. Es hat in jedem Fall die Macht, uns zu verändern. Ja, ob wir wollen oder nicht, es hat sogar unser Leben negativ beeinflusst, bis irgendwann das Ventil explodiert ist und wir Hilfe brauchten, kurz bevor es uns umgebracht hat. Nun gibt es einige von Ihnen, die der Meinung sind, ach so schlimm war es schon nicht, damals. Vielleicht haben Sie vergessen, dass die meisten entweder den Krieg als Kinder miterlebt haben oder selbst im Krieg gedient haben. Wenn heute Menschen aus dem Krieg zurückkommen, spricht man von Kriegsneurosen, als wäre es ganz normal, bei unseren alten Menschen neigen wir dazu, sie als alt und schwach zu sehen. Oder wir sehen sie in einer angenehmen Zeit, in der Nahrung im Überfluss, Licht mit einem Klick und Liebe – ja, auch diese – an- und ausgeklickt wird. Vielleicht, weil wir unseren Blick getrübt haben, wir schließen die Augen und sehen unsere Eltern in einer angenehmen Zeit voller Nahrungsmittel im Kühlschrank. Natürlich, denn wir waren ja noch Kinder. Wir haben nur diese meist angenehme Zeit vor Augen, woher sollen wir wissen was *davor war, wenn darüber nie gesprochen wurde. Und so haben wir alles als selbstverständlich und angenehm gesehen, wir sahen einen langsam alternden Menschen, der nun alt ist und unsere Hilfe braucht. Diese Generationen haben Extreme erlebt, die es vielleicht nie wieder geben wird. Extreme wie Krieg, Hunger, Aufschwung, Fernsehen, Überfluss an Nahrung und heute Sex und Gewalt, die freizügig im Fernsehen zu begaffen sind. Glauben Sie, das ist alles spurlos an ihnen vorbei gegangen, nur weil sie still waren und stumm gealtert sind?*

Ich gewähre Ihnen heute einen besonderen Einblick. Schauen Sie, was sich für Bilder auftun, wenn sich das Bewusstsein nicht mehr gänzlich verstecken kann und so manche Fassade sprichwörtlich bröckelt.

Ich erzähle Ihnen Unglaubliches, Sie erhalten einen Einblick in das Leben wertvoller Menschen. Menschen, die wir gar nicht sehen, obwohl wir sie lieben. Menschen, mit denen wir sprechen, aber sie nicht hören. Seit 25 Jahren arbeite ich mit alten Menschen und ich habe viele sonderbare Dinge erleben dürfen. Dinge, die traurig und lustig waren, aber vor allem Dinge, die zeigen, wie schön der Umgang mit diesen wertvollen Menschen sein kann, weil jeder von ihnen etwas ganz Besonderes, ja sogar Einzigartiges ist. Wissen Sie was das bedeutet? Es bedeutet etwas ganz Wundervolles und Unglaubliches. Nämlich, dass Sie – ja Sie – auch einzigartig und ganz besonders wertvoll sind. Ist das nicht ein tolles Gefühl, wenn einem gesagt wird, du bist wertvoll, etwas ganz Besonderes, du bist einzigartig, genau so wie du bist? Hier geht es um Menschen, die unserer Hilfe bedürfen und vieles mehr, wie Sie bald erkennen werden. So manches Mal werden wir wütend oder ungeduldig und ich weiß, wie es ist, wenn Sie verzweifeln, weil Ihr Gegenüber sehr anstrengend ist oder nervenaufreibend und manches Mal fühlt man seine eigene Kraft schwinden, auch wenn man das ungern zugibt, weil man diesen Menschen liebt. Oder einfach das Gefühl zu haben, Ihr Gegenüber hört nicht zu, oder sogar das verzweifelte Gefühl, Ihr Gegenüber will Ihnen nicht zuhören. Im Gegenteil, es ist ganz anders und es wird Ihnen nicht gefallen. Und auch das Gefühl, gleich zu explodieren, weil die Nerven bis zum Zerreißen gespannt sind, ist mir bekannt. Wenn Ihr Gegenüber, Ihr geliebter Mann oder Vater etwas tut, was sie/er niemals tun würde oder gar etwas, was Ihnen total peinlich ist. Wer ist das, der gerade etwas Unvorstellbares tut und einfach nicht damit aufhören will. Wissen Sie, was die Wahrheit ist? Sie – ja, Sie da – Sie wollen auch nicht hören. Ja, Sie selbst hören nicht zu. Jetzt sagen Sie gleich sich selbst beschützend, das stimmt nicht, ich bin immer da. Ja, da – also anwesend – aber da sein und wirklich zuhören macht den kleinen Unterschied, der so manches Mal zwischen Liebe und Verzweiflung entscheidet. Hierzu möchte ich Ihnen ein Ihnen vielleicht bekanntes Märchen von den Gebrüdern Grimm erzählen: „Es war einmal ein steinalter Mann, dem waren die Augen trüb geworden, die Ohren taub, und die Knie zitterten ihm. Wenn er nun bei Tische saß und den Löffel kaum halten konnte, schüttete er Suppe auf das Tischtuch und es floss ihm auch etwas wieder aus dem Mund. Sein Sohn und dessen Frau ekelten sich davor und deswegen musste sich der alte Großvater endlich hinter den Ofen in die Ecke setzen und Sie gaben ihm sein Essen in ein irdenes Schüsselchen und noch dazu nicht einmal satt; da sah er betrübt nach dem Tisch und die Augen wurden ihm nass. … Wie sie da so sitzen, so trägt der kleine Enkel von vier Jahren auf der Erde kleine Brettlein zusammen. „Was machst du da?", fragte der Vater. „Ich mache ein Tröglein", antwortete das Kind, „daraus sollen Vater und Mutter essen, wenn ich groß bin.". Da sahen sich Mann und Frau eine Weile an. Fingen endlich an zu weinen, holten also fort den alten Großvater an den Tisch und ließen ihn von nun an immer mitessen. Sie sagten auch nichts, wenn er ein wenig von seinem Essen verschüttete."

Lassen Sie diese Geschichte ein wenig auf sich wirken. Lesen Sie nicht gleich im Sturzflug weiter, fühlen Sie sie in sich. Fragen Sie sich was ruft diese Geschichte in Ihnen für ein Gefühl hervor und vielleicht lesen Sie das Märchen noch einmal durch. Mich hat dieses Märchen als Kind so berührt, dass es mir all die vielen Jahre nie aus dem Sinn kam und immer wieder in den Sinn kommt, wenn ich mich umschaue. Ich will nicht lügen oder überheblich sein, nein, so manches Mal geht es mir wie der Frau und dem Mann, dass mich ein Ekelgefühl überkommt. So manches Mal fühlt man sich, seien wir doch mal ehrlich, genau so wie dieser Mann und diese Frau. Es ist schon manchmal ekelig, wenn das Essen aus dem Mund und auf den Tisch oder in den Teller läuft. Oder wenn ein alter Mensch sogar Essen auf seine Kleidung spuckt oder seine Zähne aus dem Mund nimmt und diese in seinen Teller legt. Oder was meinen Sie? Ich sage Ihnen eine Wahrheit, solange man nur zuschaut, ist es ekelig, aber wenn man selbst derjenige ist, der da kleckert und spuckt, wenn Sie es selbst sind? Wie ist es dann? Na? … Da haben wir's! So manch einer von Ihnen hat sich jetzt ertappt gefühlt beim Gedanken an den kleinen Enkel denkt, der einfach – frei wie Kinder eben sind – sagt, was er denkt. Kinder lernen von uns Erwachsenen, aber es darf auch mal anders herum sein und wir lernen von dem Spiegel, der uns manchmal von unseren Kindern vorgehalten wird. Darin spiegelt sich das *was wir ihnen vorleben. Dieser Enkel hat etwas für uns Wunderbares geschafft. Er hat es geschafft, die Perspektive zu ändern. Den Blick für das Wesentliche zurechtgerückt. Den Fokus auf das Wunderbare gerichtet. Dass es einen kleinen Jungen gibt, der uns gerade aufgerüttelt hat. Der uns innerlich schüttelt und sagt, ich liebe euch, ich will nicht, dass ihr auf dem Boden und versteckt hinter dem Ofen sitzen müsst. Nun endlich hat sich die Perspektive geändert und wir holen den alten Menschen doch an den Tisch und können seltsamerweise sogar die Tatsache, dass er immer noch kleckert und spuckt, einfach so ignorieren. Es braucht sich also nur die Perspektive zu ändern und was uns maßlos gestört hat, ist nun akzeptabel, ja sogar gar nicht mal so schlimm. Die Perspektive ändern, das ist es was aus einem unangenehmen Gefühl, ja sogar Angst, ein wohlig warmes und liebevolles Gefühl zaubert. Und glauben Sie mir, diese liebevollen warmen Gefühle sind es, die wir Menschen brauchen und zwar alle, ausnahmslos alle. Ich möchte Ihre Perspektive noch vertiefen. Ihnen zeigen, was für Ängste und Gefühle in diesen unseren geliebten Menschen, die wir so gut zu kennen glauben, stecken und doch sind sie uns fremd. Dass diese erschreckenden Diagnosen wie Schlaganfall, Alzheimer, Demenz (mit all ihren Facetten) meist negative, aber auch sehr schöne Begebenheiten hervorzaubern können, worüber Sie manches Mal lachen werden, aber auch manches Mal weinen. Ich bitte Sie nie dabei zu vergessen, es sind vielleicht Ihre Mutter, Ihr Vater oder vielleicht auch Ihr Partner und nicht zu vergessen vielleicht irgendwann Sie selbst … Dieser alte Mensch aus Ihrer Vergangenheit ist da, immer noch irgendwo, schlummert in dieser Seele das alte Ich. Gehen Sie respektvoll mit diesen Geschichten um.*

Ich schreibe dieses Buch auf gar keinen Fall, um Sie zu amüsieren oder um gar witzig zu wirken. Nein, ich erzähle Ihnen von all diesen wunderbaren Menschen, damit Sie endlich Ihr Gegenüber erkennen und wirklich und wahrhaftig sehen. Vor allem nicht nur sehen, was Sie sehen wollen, denn das ist eine Eigenschaft, die uns Menschen eigen ist, zu sehen, was wir wollen. Nein, denn es geht mal nicht um Sie. Also machen Sie Ihre Augen auf und lassen Sie sich auf eine Reise mitnehmen. Wenn Sie am Ende dieses Buches ab und an versuchen, die Seele Ihres geliebten Menschen zu erblicken und es so manches Mal auch schaffen, dann, ja dann, habe ich das erreicht, was ich erreichen wollte, Ihnen die Augen zu öffnen und aus Ihnen einen Sehenden zu machen. Erst dann sind Sie nicht mehr ein von Mitleid erfüllter Angehöriger und Sie sind Ihrem Lieben gegenüber kein entrückter Mensch, der aus Pflichtgefühl anwesend ist, sondern für einen winzigen Moment Eins mit ihm. Ein sehender Angehöriger oder Pflegender zu sein, ist in meinen Augen und nach meiner Erfahrung mehr wert, als ein liebender Angehöriger zu sein. Denn etwas spüren diese Menschen immer, Mitleid. Dieses Wort Mitleid ist so grausam und verletzend, es ist den meisten Menschen nicht bewusst, aber manchmal äußern alte Menschen „es wäre besser, tot zu sein, als in das Gesicht deines Kindes zu blicken, das von Mitleid erfüllt ist." Denn was leicht vergessen wird, ist, dass dieser Mensch viel für die Gesellschaft gegeben hat, sodass er das Recht hat, ja sogar das Privileg, nicht nur Liebe zu bekommen, denn dieses sollte selbstverständlich sein, sondern gesehen und gefühlt zu werden, und zwar so, wie er heute ist, aber auch so wie er war. Die Kunst ist, das Gefühl zu entwickeln beides gleichsam zu fühlen. Was war und was ist und dieses Gefühl in ein schönes neues Gefühl umzuwandeln. In ein ganz neues Gefühl. Das Gefühl, ein Sehender zu sein, sehend für nur einige kurze magische Augenblicke. Nun los, dafür sollten wir Sie erst zu einem Sehenden machen. Also schauen wir, ob Sie für diese wirklich schwere Reise bereit sind. Es sei noch mal gesagt, es geht hier nicht um Erfindung oder Fantasie, auch wenn Sie beide Begriffe manches Mal gerne gebrauchen wollen, um sich selbst zu verstecken. Nein, es geht darum, den Respekt in die richtige Form von Liebe zu verpacken, die Ihr Gegenüber sicherlich verdient. Und die Liebe ist der Schlüssel, der den Zustand der Wahrheit erträglich macht.

Nun betrachten wir mal eine Situation.

Seien wir heute doch mal ausschließlich ehrlich, auch wenn es uns allen wirklich schwerfällt. Schauen wir uns mal an, was sie wirklich sehen. Wir betreten ein Altenheim und sehen oft ein paar alte Menschen am Tisch sitzend, die oft schlafen. Das erste Gefühl das uns da überkommt ist: „Warum tun die Pfleger nichts dagegen, dass die „Alten" „immer schlafen"? Die müssen sie doch beschäftigen und wachhalten." Oder: „Das ist einfach unmöglich, es wird so viel Geld bezahlt und die machen nichts." Naaaa, ertappe ich Sie da nicht bei so einem Gedanken? Ich arbeite in einer Einrichtung, in der es viele individuelle, unterschiedliche Betreuungsgruppen gibt, sogar 2-mal am Tag, so etwas ist sehr selten. In diesen Beschäftigungsgruppen wird Sport, Gedächtnistraining und vieles mehr gemacht. Womit genau eben diese oft schlafenden Bewohner motiviert und aktiviert werden. Wenn sie schließlich wieder an ihren gewohnten Sitzplatz kommen, schlafen sie wieder ein. Allerdings ist für manche dieser Menschen so eine Beschäftigung mehr als erschöpfend. Es macht sie nicht nur körperlich müde, sondern vor allem mental.

Aus diesem Grund macht man mit bestimmten Bewohnern nur 10 Minuten Aktivierungen. Wie der Name schon sagt, beschäftigen sich die Bewohner dann 10 Minuten mit einem Thema, z. B. mit Kinderspielen von früher. Sie fühlen sich in die Vergangenheit versetzt, erzählen oft mit Freude und Begeisterung, was sie damalsSchönes erlebt haben. Man sieht sie lachen, weil sie sich offensichtlich bildlich an das Erlebte erinnern. Aber damit sind sie geistig ausreichend gefordert. Der Sinn ist sie nicht zu überfordern, aber sie aus ihrer oft kleinen Welt herauszulocken. Denn diese Menschen sind oft still und in sich gekehrt. Würde man sie über einen längeren Zeitraum motivieren, was Angehörige oft wollen, dann wären sie überfordert und ein starkes Gefühl der Erschöpfung würde sich einstellen. Auf Dauer würde sich das Allgemeinbefinden vehement verschlechtern, was ich glaube niemandmöchte. Nun weiter, was sehen wir noch? Wir sehen Menschen, die verkrampft in ihrem Rollstuhl sitzen, den Blick starr in eine Richtung gewandt, vielleicht sogar den Mund leicht geöffnet und nichts sagend. „Oh Gott, so möchte ich nicht enden." „Hoffentlich sterbe ich vorher am besten im Schlaf." Naaa, hab ich Sie wieder ertappt? Oder folgende Situation: Sie sehen einen alten Menschen, der sich vor Ihnen entblößt. „Das ist ja unmöglich, was war das denn früher für ein Mensch?" Ich schätze: auch ertappt. Aber wissen Sie, mal ganz ehrlich, auch wenn ich mich wiederhole, es geht hier heute nicht um Sie und auch nicht um mich. Ich werden Ihnen am Ende die Frage nochmals stellen: „Wie denken sie jetzt?" Dann werden Sie hoffentlich einen ganz anderen Einblick erhalten haben und Ihre Gedanken werden vielleicht anders ausgerichtet sein. Wir wollen die Perspektive ändern, weiter nichts. Sie werden solche Menschen mit anderen Augen sehen und vielleicht den offenen

Mund und den starren Blick gar nicht mehr wahrnehmen. Sollte ich dieses erreichen, dann habe ich das geschafft, was ich immer wollte. Einen neuen Blickwinkel zu zeigen und das Fenster Ihres Bewusstseins einen kleinen Spalt weit zu öffnen.

Ich erzähle Ihnen kleine Geschichten, die unabhängig voneinander sind und doch werden Sie in jeder etwas lernen und neu begreifen. Seien Sie bereit, Ihren Horizont zu erweitern, denn dieser ist unendlich weit für jeden von uns.

Ich heiße Helmut M. ich bin 94 Jahre alt, in Groningen geboren und habe zwei Kinder, Clara und Sophie, tolle Kinder. Meine Frau ist vor vielen Jahren gestorben, wir waren über 60 Jahre verheiratet. Wir haben sehr schwere Zeiten gemeinsam durchgestanden. Sie war so schön: blonde, lange Haare, ein paar Augen, die mich zum Schmelzen brachten, schlank, aber gut gebaut. Vor allem gut gebaut, das mag ich gerne. Ein geduldiger liebevoller Mensch. Sie hat auf mich gewartet, darauf, dass ich wieder komme aus einem endlos langen Krieg. Ich habe Furchtbares gesehen und kann es nicht vergessen. Ein Krieg, der so grausam war. Bilder, die auf einer Kinoleinwand kaum Platz finden könnten, erstickte abgestumpfte Gefühle, die man nicht beschreiben kann und, glauben Sie mir, nicht beschreiben mag. Ich sehe diese Bilder immer und immer wieder – so, als wäre es heute. Jeden Tag ein neues altes Heute. Ich sehe Grauenvolles … Babys, die vor Hunger starben, Mütter, die tot neben ihren Kindern lagen und wie Ratten über diese liefen und sich ihrer nun ja … und ich mittendrin. Ich habe Höllenqualen durchgestanden, zuletzt in Russland in der Gefangenschaft, Grauenvolles hat mein Auge erblickt, aber meine Seele ist dabei nicht nur einfach zerbrochen. Nein, zerbrechen, zerbrechen wäre gnädig gewesen. Stattdessen lässt man sich tagein, tagaus auf einen Stuhl nieder und ist einfach dem Wahnsinn nahe und fällt in sich zusammen. Nein, ich habe das wertvollste im Krieg verloren, meine Seele. Sie ist in mir verloren gegangen, ich glaube, um ein bisschen zu vergessen, um die Augen zu machen zu können und nicht immer das Grauen vor Augen zu sehen. Um nicht Nacht für Nacht diese Ratten über die Körper dieser Babys laufen zu sehen und einfach machtlos dabei zuzusehen, wie die Welt zugrunde geht. Stück für Stück ist irgendwo in diesem Grauen einfach meine Seele verloren gegangen. Ja, auf dem Wege durch ein furchtbar grauenvolles Labyrinth ist sie abhandengekommen, unauffindbar, einfach fort. Sie ist noch in mir, aber wo? Vielleicht ist es auch gut so, vielleicht ist die zerbrechliche Seele fort, um ja vielleicht … vielleicht. Um zu vergessen, wie ich war, was ich gewesen bin. Wahrscheinlich aber, um nicht Stunde um Stunde neu zerbrechen zu müssen. Es ist das Grauen im Kopf, der Horror der Vergangenheit, ja der Wirklichkeit, der auf meiner Seele schwer lastet. Ich kann Ihnen nicht beschreiben, was in mir vor geht und ich glaube, wenn Sie ehrlich, ganz ehrlich sind, möchten Sie es gar nicht wissen. Als ich wieder nach Hause kam, war meine Frau für mich da. Sie pflegte mich und vor allem meine Seele gesund. Sie hat mich immer trotz der Schwere ihres Lebens, die Sie all die Jahre alleine nur mit den Kindern ohne mich bewältigen musste, voller Liebe und Sorge angesehen. Denn auch wenn ich aus dem Krieg zurück war, viel helfen konnte ich ihr viele Jahre nicht. Voller Verständnis und aufopfernder Liebe hat sie mich durch viele Albträume begleitet und liebevoll durfte ich in ihren Armen einschlafen, bis sie, ja bis sie einfach von mir ging und starb. Weg, unwiederbringlich fort. Nun zeige ich Ihnen eine Seite von mir, die ich selbst nicht kenne. Sie erhalten Einblick in meine Seele. Darum bitte ich Sie gehen Sie sorgsam damit um, denn meine Seele ist, wenn auch nur ein kläglicher Rest vorhanden ist, zart und zerbrechlich, genau wie ich. Solange meine Frau noch lebte, habe ich die Vergangenheit mit all ihrem Schrecken begraben können. Sie hat meinen Kopf gestreichelt und ich habe die Grauen in den Toren eines ungewollten Bewusstseins in meinem Kopf gut verschlossen halten können. Aber sie ist nicht mehr da. Sie hält mich nicht mehr in der Nacht und all das Grauen schleicht sich in meinem Kopf wieder ein, Nacht für Nacht. Es ebnet sich den Weg aus der Tiefe, aus dem Abgrund wieder in meine Träume zurück. Das eine kommt zurück und das andere verschwindet irgendwo hin. Ich habe langsam angefangen, Dinge zu vergessen, Dinge, die mir wichtig waren. Ich weiß, sie waren wichtig, aber ich weiß nicht mehr, wo sie hin sind und auch nicht, warum sie wichtig waren. Fort in einem Gewirr aus Vergangenheit und Gegenwart ist in meinem Kopf alles konfus, als würde ich die Ordnung in diesem Gewirr nicht mehr herstellen können. So geschah das Unvermeidliche. Als ich irgendwann einmal spazieren war, fand ich den Weg nicht mehr zurück. Ich irrte umher, ich hatte das Gefühl gefangen zu sein, wenn ich ehrlich sein soll, befinde ich mich täglich immer mehr in diesem Knäuel aus Knoten,

die sich nicht entwirren lassen. Ich möchte da heraus, aber es gibt keine Hoffnung, keinen Weg hinaus, kein Entwirren. Immer mehr neue Knoten in meinem Geist. So brachten mich meine Kinder in eine Einrichtung, wo ich mit lieben Menschen zusammen bin, aber wer sind die alle? Meine Töchter sind wunderschön wie ihre Mutter. Manchmal, wenn sie vor mir stehen, denke ich für einen kurzen Moment, meine Frau stünde vor mir. Sie sind oft da, aber ich sehe die Traurigkeit in ihren Gesichtern. Doch ich habe nie gelernt, sie zu trösten, das hat meine Liebste getan. Ich kann sie nicht in den Arm nehmen, ich habe es nie gelernt, ich habe nur akzeptieren und vergessen gelernt. Aber meine Liebste, sie hat getröstet und Seelen geheilt. Ich höre noch ihren sanften, zarten Ton und rieche noch ihre Haut. *„Hallo, Hallo Hr. M."! Er wälzt sich auf dem Boden und schreit* „rettet die Babys, rettet die Babys, bitte, bitte nicht auch noch mich … Lasst mich doch in Ruhe". *Pflegerin: Es ist wieder so weit, er schlägt mit den Händen um sich und schreit … „Wir geben ihm eine Spritze zur Entspannung, damit er schlafen* kann." …
Ich bleibe eine Weile bei ihm sitzen und streichle seine Hand. Meine wundervolle Frau hat all das Gute in meinem Leben ausgefüllt. Nun bin ich einsam … einsam … Hey du! Wie schaffst du das, du dringst in meinen Kopf und holst da alles raus. Jetzt ist Schluss, ich sage nichts mehr. Seht Euch doch um, es gibt viele von meiner Sorte. Schaut doch in deren Kopf hinein, ich bin müde oder vielleicht schaut ihr mal in euren Kopf hinein. Am liebsten würde ich vergessen, einfach vergessen. Ob in meinem Kopf deshalb alles durcheinander ist, um zu vergessen, damit ich nicht

wahnsinnig werde. Damit mein Kopf von dem seelischen Schmerz nicht explodiert? Vielleicht ja, vielleicht bin ich aber einfach nur verrückt … Aber eines weiß ich gewiss, das ist sicher, ich bin ein Fremder in mir. Ich weiß nicht, was mir mehr Angst macht, die Vergangenheit in meinem Kopf oder die Zukunft in meinem verletzten konfusen Geist … „Ohhh … oohh ich werde ganz müde … was geschieht mit mir …" „Wo bist du?" … nimm mich doch in den Arm, meine Geliebte … *Er spricht wieder von seiner Frau, er muss sie sehr geliebt haben.*

Ich habe gerade die Augen auf gemacht und ich liege wohl noch im Bett. Ich weiß, ich habe zwei Kinder, zwei Jungs. Ich hätte zwar gerne ein Mädchen gehabt, aber die Jungs sind lieb. Ich habe eine wundervolle Frau, ihr Name ist Margret. Ich habe sie 1929 geheiratet, sie war wunderschön. Dann kam der Krieg und ich kam zurück. So manches Mal wussten wir nicht, was wir unseren Kindern zu essen geben sollten, und oft sind meine Frau und ich hungrig ins Bett, aber gemeinsam haben wir diese schwere Zeit durchgestanden. Und doch waren wir froh, wenn unsere Kinder einen Kanten Brot hatten. Wir waren nicht so wichtig. Heute kann sich das keiner mehr vorstellen. Viele Jahre später haben wir mit unseren Händen ein Haus gebaut, es war nicht einfach, aber wir haben es geschafft. Nun sind wir ganz schön alt und wir sind immer noch glücklich. … Was macht die denn an meinem Bett? Wer ist das? … Was für eine Frechheit, einfach so in unser Haus zu kommen, in unser Schlafzimmer … Wo ist Margret? … Das ist eine Frechheit …

Vielleicht kenne ich die doch … die kennt meinen Namen … Oh, vielleicht bin ich … ja im Krankenhaus …
„Wo ist meine Frau?"

„Ohhhh … Ihre Frau" … Ich schlucke, was sag ich ihm (Hr. G., Ihre Frau ist tot. Sie kommt nicht mehr wieder. Nein, natürlich nicht. Gelernt haben wir, auf das Befinden der Kunden einzugehen. Nach Möglichkeit nicht zu sagen, dass der Partner tot ist, … also … lügen … „Hr. G., Ihre Frau hat mir gesagt, ich soll Ihnen ein bisschen helfen und sie kommt später." Später hat er das wieder vergessen. „Wir gehen ins Bad, machen Sie schick und dann gehen wir frühstücken."

„Wirklich? Meine Frau lässt nie jemanden fremden rein" … *„Ich bin doch nicht fremd … Sie kennen mich doch … oder nicht?" Das wirkt immer …* „Ja, natürlich kenne ich dich, Mädchen." … Ich habe keine Ahnung, wer das ist, aber wenn ich das sage, denkt sie, ich bin verrückt. Also tue ich so, als würde ich sie kennen … „Ja, natürlich weiß ich, wer du bist, aber ich kann mir doch Namen nicht so merken, d …d …d …das weißt du doch" …

„Ja, ich kann mir auch keine Namen merken … Sie können sich schon mal rasieren und ich mache das Bett." … „Hmmm, ich muss erst auf Toilette" … *„Ja kein Problem, ich helfe Ihnen"* … „Nein, nein, das ist schon gut, das kann ich auch alleine" …*Oh, er schämt sich … „Ich mache mal die Tür zu"* …

„Ja, natürlich können Sie die Tür zu machen" … Denkt die wirklich, ich setze mich aufs Klo und die guckt mir zu … eine komische Person, obwohl sie ganz nett ist … aber wirklich, auf Toilette kann ich wohl alleine, da ist was zwischen meinen Beinen … Was ist das denn? …

Weg damit. Das ist ja nass. Hats geregnet oder wie? Ich muss unbedingt das Dach nachgucken …

„Hr. G., sind Sie fertig?" Ich öffne die Tür und stelle mich ins Badezimmer … „So, ich mache Wasser ins Waschbecken und Sie können schon mal anfangen, sich zu waschen". … „Ich ziehe Ihnen die Hose schon mal aus."

Schwupp, da hab ich die Hose schon aus, die ist aber schnell im Ausziehen … *„Die Vorlage schmeiße ich weg. Ach, die haben Sie schon weg."* … *„Oh, die ist ganz schön nass, und die Wäsche packe ich in den Schrank, die nehmen Ihre Kinder dann mit."* „Ähhh, jaa, es hat durchs Dach geregnet." … *„Oh, jaaa … natürlich, kein Problem … Ich sage dem Hausmeister Bescheid, der kann mal auf dem Dach nachschauen, ob eine Schindel lose ist. Dann brauchen Sie sich nicht drum kümmern. Ihre Frau würde mir das nicht verzeihen, wenn Sie noch vom Dach fallen."* „Oh, das ist aber lieb von Ihnen". Die scheint doch ganz lieb zu sein …

Oooh, halt, will die mich da unten auch waschen … ne, sie gibt mir den Lappen in die Hand … Gott sei dank … darf ich selbst … Das wäre ja wirklich peinlich …

„Soo, jetzt noch rasieren" … Na bitte. sag ich doch. ich kann alles alleine. Rasieren, das klappt doch prima …

„Das haben Sie toll gemacht" … *„Das mache ich doch immer"* *„Oh ja, natürlich, Entschuldigung"* … Die ist wirklich komisch, ich muss mit Margret reden, die kann doch nicht so eine einstellen. Andererseits Margret macht immer alles recht, ich bin lieber still, sonst wird Margret wütend. „Meine Frau, wo ist meine Frau Margret?" … *„Margret, sie kommt später, sie muss noch was erledigen"* … „Ahhh … wahrscheinlich mit den Kindern unterwegs, bringt sie zur

Schule oder so … Na ja, Frauensachen eben. … Okay, dann frühstücke ich jetzt alleine".

Das ist ein ganz schön langer Flur und viele Türen oh je so viele Menschen … kenne ich die? … Ne, kommt mir keiner bekannt vor, oder habe ich umgebaut oder sind wir umgezogen? … Doch ein Krankenhaus? Bestimmt, aber mir gehts gut … komisch … na ja, Frühstück. Mitbewohnerin: „Guten Morgen Heinz" … Die kennen alle meinen Namen. Mitbewohnerin: „Guten Morgen, gut geschlafen?" „Ja … nur Margret ist noch nicht da". *Die Bewohnerin verdreht die Augen und schon ist es raus.* Mitbewohnerin: „Deine Frau? Wann kapierst du das, du alter Kerl, dass sie tot ist … schon seit 5 Jahren." Was … wie … warum weiß ich nichts … ich, oh je … ich … ich". *Sein Gesicht wird ganz blass.*

Ich bin entsetzt, wie können die Mitmenschen nur so gemein sein? Nun geht alles wieder von vorne los … Er isst nicht und trinkt nicht und weint den ganzen Tag. Er trauert immer wieder aufs Neue und durchlebt den Tod seiner Frau, als wäre es gerade geschehen. Furchtbar, ich mag mir das gar nicht vorstellen, was für ein unsagbarer Schmerz das sein muss. Dass sie immer und immer wieder diesen Schmerz durchleben müssen. Nur, weil Menschen immer Recht behalten wollen und sich überall einmischen wollen.

„Was tot, nein … Oh nein!" *Tränen kullern über seine Wangen und er weint auf einmal ganz furchtbar.* Mein Herz tut so unsagbar weh … Ich möchte sterben … Meine liebste Margret, wo bist du nur, warum hast du mich alleine gelassen? Ich möchte ohne dich nicht sein …

„Hr. G., essen Sie was oder trinken Sie eine Tasse Tee" …
„Nein, ich möchte nicht, meine Frau ist gestorben. Ich

habe es gerade erfahren" … *Tränen und ein unsagbar großer Schmerz stehen diesem Mann ins Gesicht geschrieben. Ich begleite ihn stumm auf sein Zimmer, nehme ihn in den Arm und lasse ihn einfach weinen. … Er erzählt mir, wie sie war und was sie gemeinsam erlebt haben und welche Farben die Blumen hatten, die Margret in den Garten gepflanzt hat. Gelb, sie liebte gelb. Dann holt er ein Album hervor und zeigt mir Bilder. Das Hochzeitsbild von ihm und seiner Margret … und er weint …"* Wie schön sie ist". *Sie trug ein graues Kleid mit hohem Kragen.* „So eine schöne Frau." *Von anderen älteren Bewohnern habe ich erfahren, dass man früher nicht in Weiß geheiratet hat, sondern im Sonntagskleid, weil es nichts anderes gab. Er blättert weiter, da sind Bilder von den Kindern. Tränen und Schmerz stehen in seinem Gesicht geschrieben. Dann ein Bild wie er Angeln war mit einem riesigen Fisch in den Armen* „ein Hecht" … *Er ist stolz und er lächelt. Sein Gesicht ist wieder entspannt und er beißt nebenbei in das Brötchen, das die Küchenfee ganz leise mit Tee ins Zimmer gebracht hatte. Er trinkt nebenbei, beißt hastig in sein Brötchen und ein kleines Lächeln umspielt seine Lippen, während er weiter die Bilder betrachtet.* Die ist aber lieb, ich weiß nicht, wer das ist, aber sie sitzt hier in einer meiner schwersten Stunden. Wie konntest du mich alleine lassen, wir haben so viel zusammen gemacht. Warum bist du gegangen und warum sitzt diese Frau bei mir. Ich kenne sie nicht, aber sie kennt mich. Ist sie meine Tochter? Aber ich habe doch keine? Wer ist sie? Warum ist sie hier in unserem Haus? Nur nichts sagen, sonst glaubt sie, ich bin verrückt. Puh, die hat nichts gemerkt. Endlich ist sie weg, ich möchte alleine sein. Aber du bist auch weg … weg, einfach weg … und ich bin alleine.

Ich verlasse das Zimmer und lasse ihn mit seinen Erinnerungen zurück. Doch ich weiß, solche Menschen vergessen vieles, aber diese Aussprache wird ihn heute noch lange beschäftigen und ist jedes Mal aufs Neue unsagbar schmerzhaft für ihn. Immer wieder wird ihn das aufs Neue treffen, wenn neun Mal kluge Mitmenschen meinen, sich schlau zu fühlen und alles ausplappern zu müssen, was ihnen in den Sinn kommt. Aber Moment, nicht unfair sein, wir dürfen auch nicht vergessen, jeder dieser Menschen, alle, die hier wohnen, haben einen Grund, hier zu sein. Jeder bedarf besonderer Aufmerksamkeit. Vorwürfe bringen nichts, erzieherische Maßnahmen bringen auch nichts. Jeder Einzelne hat eine eigene interessante Geschichte, bei der wir zuhören dürfen, die uns berührt, die uns in Staunen versetzt.

Ich schaue nach Hr. G., er liegt im Bett mit verquollenen Augen, in die Decke eingekuschelt und weint immer noch. Nicht mehr so stark, aber Tränen kullern seine Wagen herunter und er möchte, glaube ich, alleine sein. Wer ist das? Was will die? Die kommt in unser Haus und du bist nicht da, weg für immer. Ich möchte bei Dir sein. Nimm mich doch bitte mit. Die Frau streichelt meine Hand und legt mir eine Hand auf meine Schulter. Das tut gut, warm und wohlig fühlt es sich an. In meinem Herzen löst sich ein Stein und in meinem Hals ist ein schwerer Kloß, der sich allmählich leichter anfühlt. Sie ist wirklich lieb, sie streichelt mir kurz übers Gesicht. Schön, auch wenn ich die noch nie gesehen habe, aber das behalte ich mal lieber für mich. *Ich verlasse sein Zimmer, es geht ihm etwas besser, ich gehe später noch mal rein, schon seit heute Morgen ist er für sich alleine und ist traurig. Ist es nicht komisch mit der Demenz, vieles vergisst man, aber manchmal erwischt einen etwas, und*

*obwohl sie das doch schnell vergessen und vorangehen könnten,
bleibt es doch noch den ganzen Tag präsent, merkwürdig. Keiner weiß, warum das eine so lange präsent bleibt. Warum gerade die Dinge, die diesen Menschen so quälen, so lange im Geiste geschrieben bleiben. Aber viele schöne neue Ereignisse gleich
hinfort geweht scheinen. Oder wenn man fragt, was sie vor einer Stunde gegessen haben, ist das vergessen, aber vielleicht
sind das auch unwichtige Dinge. Aber so ein furchtbares Er-
eignis wie den Tod eines geliebten Menschen durchlebt er einen
ganzen Tag lang voll Schmerz und Trauer. Vielleicht braucht
er diese Zeit, diese Zeit für sich. Die Umarmungen und auch
die Streicheleinheiten. Ich weiß nicht, warum es so ist und warum manche Situationen so merkwürdig sind. Aber eines weiß
ich ganz gewiss: Diese Menschen brauchen uns und wissen Sie,
was noch viel ehrlicher ist, wir brauchen sie. Wir lernen, einan-
der mit Liebe zu begegnen und auch die Erinnerungen mit Liebe zu bewahren und sie mit Liebe zu heilen und manches Mal
auch zu teilen. Es ist doch allerdings so: Das, was über lange
Zeit in unserem Leben präsent war und uns geprägt hat, bleibt
immer präsent. Die Menschen, die uns lange begleitet haben.
Alle schönen Dinge, die man mit lieben Menschen erlebt hat.
Ja, es ist gut, dass diese Dinge lange vielleicht sogar für immer
in unserem Geiste sind. Denn das bedeutet auch, dass wir in der
Lage sind wundervolle Momente für unsere Zukunft zu schaffen. Momente, die uns später, wenn wir alt sind, uns das Schöne des Lebens eröffnen und uns vielleicht ein kleines bisschen
das uns bevorstehende Leid besser ertragen lassen. Denn auch
wenn dieser Mensch nun weint und sich vielleicht auch quält,
fühlt er eine immerwährende Liebe in sich. Eine Liebe die vielleicht aber auch nur vielleicht, den Schmerz überwiegt. Schmerz*

mit Liebe zu heilen, das ist die beste Medizin und wissen Sie was – wahrscheinlich die einzige, die wirklich immer hilft. Wie schwer trifft uns diese Erkenntnis, wenn das Leid alleine getragen werden muss, weil der andere nicht mehr da ist. Darum seid wachsam und liebevoll. Seid lieb zu den Menschen, die euch nahestehen, aber auch zu all den anderen Menschen, die euer Leben durchkreuzen. Denn vielleicht ist derjenige, der euch heute gegenüber steht, einmal der Mensch, der euch auffängt in größter Not … Bedenkt wohl, was ihr aussprecht, denn die Zunge kann so manches Mal unvorsichtig und selbstständig loslegen, aber das gesprochene Wort kann oft schwer verletzen, aber niemals – wirklich niemals – zurückgenommen werden … Ein verschlucktes, unausgesprochenes Wort hingegen tötet uns nicht. So kommt dem die Kunst, das Unausgesprochene zu verstehen und unaufgefordert die Hand des anderen zu nehmen, gleich. Eigentlich ein selbstverständliches Geschenk oder nicht? Eine Geste des Respekts und der Liebe, die man seinem Gegenüber schuldet. Es bedarf keiner überschäumenden Liebesbekundungen und andauernder Plapperei. Liebevolle, stille Gesten verändern den Moment und im Alter ist der Moment scheinbar das einzige, was zählt. Gesten, die die liebevollen Erinnerungen hervorzaubern aus dem Gewirre des Geistes. Aber natürlich steht man als Angehöriger dann nicht im Mittelpunkt und das können viele nicht ertragen. Aber mal ganz ehrlich: Um wen geht es denn hier? Können Sie einfach ohne Worte eine Stunde eine Hand halten oder einen Kuss geben ohne einen Kommentar? „Nein" ist, wenn sie ehrlich sind, oft die Antwort. Jedoch bin ich mir sicher, dass sie es lernen können, so wie dieser alte Mensch vor Ihnen ein Leben lang lernen musste.

„Frau L., Sie haben in Ihrem Nachtschrank alles voll mit Schimmel, was haben Sie denn da wieder vom Abendbrottisch mitgenommen?" Igitt, *„Jetzt hat die wieder schimmeliges Brot im Nachtschrank"* … *„Oh Gott, schau Dir das mal an Claudia, im Kleiderschrank zwischen den Klamotten liegt auch Brot."* Und was ist das, ein schimmeliger, total matschiger Apfel zwischen der Kleidung, ich könnte kotzen. *„Warum tun Sie das immer wieder?"* „Sie freches junges Ding, ich bin von Schlesien gekommen auf Waggons wie Vieh." *Oh, jetzt wieder diese alte Geschichte, immer wieder die gleiche Geschichte.* „Mit meinem kleinen Sohn auf dem Arm wurden wir in Waggons gesteckt und bekamen oft Suppe, in der schwammen Maden drin. Ich habe mir oft versucht vorzustellen, dass es Graupen wären und Sie, Sie schmeißen alles weg." „Oh Gott, Sie haben ja auch Wurst da drin. Was mache ich bloß mit Ihnen, das geht so nicht weiter, Sie holen sich ja Krankheiten weg, wenn sie das essen." „Mein Magen kann das gut ab, nur Ihr Magen ist sensibel, meiner nicht. Ihr jungen Dinger habt alle einen sensiblen Magen, meiner ist einiges gewohnt." *Ja, die kann das ab, von wegen – die hat so oft Durchfall.* Die spinnen doch alle, ich bin alt genug und weiß, was ich tue, die schmeißen so viel in den Mülleimer. Alles, was auf dem Tisch im Wohnbereich aufgetragen wird, das ist doch eine Sünde. Nein, nicht mit mir. *Was machen wir nur mit ihr? So, einmal kurz durchatmen, aufräumen und die schmutzigen, mit Essen in Kontakt gekommenen Kleider kommen in die Wäsche. Mehr können wir leider nicht tun, wir können ihr nichts verbieten, auch wenn ich es gerne würde, aber das geht nicht. Sie ist nicht dement, sie ist klar in all ihren Gedanken. Aber*

vielleicht – Moment mal – Schwester Claudia scheint eine Idee
zu haben und gibt mir ein Zeichen still zu sein. „Frau L.*, es*
tut uns Leid, wir können natürlich gar nicht nachvollziehen,
wie furchtbar es war zu hungern und was sie alles Furchtbares
durchmachen mussten. Sie haben da ganz Recht und es tut uns
wirklich sehr Leid, aber Sie können, wenn Sie Hunger haben,
jederzeit an den Kühlschrank in der Küche und sich alles ho-
len wonach Sie Appetit haben. Sie brauchen nichts verstecken.
Vielleicht können wir einen für beide Seiten akzeptablen Kom-
promiss schließen. Wollen wir das mal versuchen? Wenn Sie
Hunger haben, können Sie sich das holen, und sie brauchen es
nicht zu verstecken. Was sagen Sie dazu?" „Darf ich wirklich an den Kühlschrank im Wohnbereich?" „*Ja natür-*
lich jederzeit und wir achten gemeinsam drauf, dass wir nicht so
viel auf den Tisch stellen. Dann dürfen wir vom Personal aus es
auch wieder in den Kühlschrank zurückstellen. Aber nur, wenn
es nicht auf den Tisch war, und wir müssen nicht so viel Auf-
schnitt wegwerfen. Das sind nun mal Gesundheitsvorschriften.
Was einmal auf den Tisch war, darf nicht mehr in den Kühl-
schrank und muss entsorgt werden und das wollen wir alle nicht.
Sie können uns öfter daran erinnern, die Aufschnitt-Teller nicht
so vollzupacken und falls etwas fehlen sollten, dann legen wir es
einfach nach. Was meinen Sie dazu? Also sie dürfen mich und
auch die Kollegen öfter daran erinnern, die Aufschnitt-Teller
und Brotkörbe nicht so voll zu machen. Man kann ja, wenn
was fehlt, noch nachholen. Was meinen Sie dazu? Ist das für
Sie akzeptabel?" „Ja Mädchen, das finde ich gut." *Ich glau-*
be, die anderen Mitbewohner werden das auch verstehen. Aber
bitte legen Sie kein Obst mehr zwischen die Kleider, Sie brau-
chen nichts verstecken. Ich gebe Ihnen eine schöne Obstschale,

*da können Sie Ihr Obst in Ihr Zimmer legen, dann vergessen
Sie es auch nicht, wenn es auf dem Tisch steht, und Sie essen es
auch. Sehen Sie: Alles, was jetzt kaputt ist zwischen der Kleidung, muss doch in den Müll und das ist doch auch eine Sünde oder nicht? Außerdem muss die Wäsche noch mal gewaschen
werden, das ist doch auch nicht richtig. Extra Arbeit und noch
Verschwendung von Wasser."* „Ja Mädchen, du hast Recht,
jetzt muss doch alles in den Müll und das ist schade."
*„Und wenn Sie ein Stück Brot für sich geschmiert haben und
es ist Ihnen zu viel, machen wir Klarsichtfolie darüber und sie
können es mit auf Ihr Zimmer nehmen und neben den Obsttel-
ler legen und über Tag oder abends vorm Fernseher essen. Was
meinen Sie? Ach, sehen sie: Der Apfel da hinter Ihren Ho-
sen ist noch gut, den lege ich jetzt in die schöne Schale und die
Birne kann man auch noch essen, die hat nur eine kleine brau-
ne Stelle. Die können Sie als erstes essen, dann wird sie nicht
schlecht. Ein kleines Messer legen wir in die Obstschale dazu,
dann werden Sie es nicht vergessen. Wollen wir das gemeinsam
so ausmachen und versuchen? Wenn sich jeder von uns Mühe
gibt, dann ist jeder zufrieden. "* „Ja Mädchen, so machen
wir das und ich darf wirklich an den Kühlschrank, auch
nachts?" *„Ja natürlich, Sie wohnen hier, das ist Ihr Zuhause
und das, was im Kühlschrank ist, gehört auch Ihnen. Sie dürfen
immer an den Kühlschrank gehen. In der heutigen Zeit braucht
man nicht hungern, aber wegwerfen wollen wir doch auch ver-
meiden."* „Oh, das ist aber lieb."

*Und wissen Sie was? Claudias Idee kam bei allen Mitbe-
wohnern gut an, es wurde nur noch sehr wenig weggeworfen und
Frau L. hat kein Obst oder geschmiertes Brot mehr zwischen ihrer Kleidung versteckt. Sie hatte Angst, dass wir das Brot, das*

sie manchmal auf dem Teller noch übriggelassen hatte, wegwerfen würden und so hat sie es auch über Tag gegessen und das Durchfallproblem hatte sich damit auch in Luft aufgelöst. Ich hätte nicht gedacht, dass wir für diese unangenehme Situation nach all den aufregenden Jahren tatsächlich einen Kompromiss finden würden, und vor allem hat sich Frau L. respektiert gefühlt. Sie konnte der Gesellschaft etwas zurückgeben und hat sich mit einbringen dürfen und ihre Gefühle wurden auf diese Weise nicht ignoriert. Mal ganz ehrlich, wir werfen doch wirklich sehr viel in den Müll, was vielleicht nicht sein muss. Leben wir bewusster und erinnern uns daran, dass es Menschen gibt, die nichts zu essen haben. Gemeinsam lernen wir voneinander, Alt und Jung. Ist das nicht das, was wir immer im Auge behalten sollten? Einen tatsächlichen fortwährenden Kompromiss zwischen Alt und Jung schaffen. Schließlich werden wir auch mal alt. Wir können uns nicht vorstellen, wie es ist, wenn man Hunger hat, das ist für uns einfach nicht real, aber trotzdem sollten wir die Einstellungen derjenigen respektieren, die vielleicht schon einmal Hunger erlitten haben.

2003 habe ich ein tolles Paar kennengelernt und von diesen beiden sehr viel über bedingungslose Liebe lernen dürfen.

Ich bin Gerlinde H., ich wurde 1921 geboren. Ich hatte eine kleine Tochter, als mein Mann im Krieg starb. Wir waren noch sehr jung, als mein Mann in den Krieg musste. Er kam aus dem Krieg nicht mehr wieder. Nach all dem Unglück habe ich einen liebevollen Mann kennengelernt, der mein Kind als seines annahm, und wir haben viele liebevolle, glückliche, aber auch hart arbeitende Jahre gehabt. Ich habe mit meinem Mann in einer Fabrik gearbeitet und wir haben uns ein gemeinsames Leben aufgebaut. Wir bekamen noch einen Sohn, ein toller Junge, und mein Mann war überglücklich und unendlich stolz. Trotzdem war meine Tochter auch immer seine Tochter. Er hat Regine nie spüren lassen, dass er nicht ihr leiblicher Vater war. Was für ein toller Mann, groß gewachsen, gut aussehend und bei allen beliebt. Mein Mann eben.

Nun hatte er einen Schlaganfall und sehen Sie selbst … Aber bitte behandeln Sie ihn mit Respekt und Liebe, auch wenn Sie Unschönes sehen und hören … Bitte lachen Sie nicht über ihn, denn das hat er wirklich nicht verdient … Ich komme ihn täglich im Altenheim besuchen. Ich kann ihn leider nicht mehr alleine pflegen. Mein Sohn (Franz) oder meine Tochter (Regine) fahren mich jeden Tag zu ihm zum Tee … Für einige Stunden sitze ich bei ihm und doch ist mir manchmal so schwer ums Herz … Aber wenn ich in seine Augen sehe, dann erkenne ich all die Güte, die in seinen Augen noch immer ist. Da weiß ich, er ist es, mein Gerald, mein lieber Ehemann.

„Herr H., gleich kommen die Krankengymnastik und Logopädie, hier ist die Klingel, falls Sie was brauchen, dürfen Sie gerne klingeln." Ich habe ein schönes Zimmer, aber ich kann ganz schlecht laufen, wissen Sie, jeder Schritt ist anstrengend. Ich muss meinem Fuß sagen, dass er mitarbeiten soll, der linke Fuß zieht immer nach. Meine linke Hand ist auch schlapp und will nicht, wie ich es will. Wenn ich spreche, kann mich kaum einer verstehen. Immer wieder fragen Sie „wie bitte" und ich wiederhole das Gesagte noch einmal. Dann noch mal „wie bitte", es ist zum Verrücktwerden. So oft was zu wiederholen ist wirklich

anstrengend. Geben sich wohl alle keine Mühe, mich zu verstehen. Ich gebe mir jedenfalls viel Mühe und muss ganz schön mit meinem Kopf kämpfen, dass mein Mund auch wirklich ausspricht, was ich will. Also ihr da – strengt euch auch mal an, ich spreche ja schließlich deutsch. Wenn ihr nicht immer mit dem Kopf schon weiter wärt, immer schon beim nächsten Schritt, anstatt bei mir zu verharren und mich anzusehen, so lange bis ich ausgesprochen habe. Was ich euch sagen will. Aber nein, ihr habt oft schon den Kopf abgewendet, während ich noch mit euch spreche. Ja, dann kann man nichts hören. Ihr habt keine Zeit. Aber seid doch mal ehrlich. Einmal richtig zuhören erspart doch viel mehr Zeit als mehrmals nachfragen zu müssen und nicht weiter zu kommen. Na ja, das ist eure Sache, aber ich sage Euch, es ist unhöflich oder findet ihr es nicht unhöflich, wenn man mit abgewandtem Gesicht mit euch spricht? Aber auch das ist euer Ding, vielleicht findet ihr das ja schön, wenn eure Kinder und eure Freunde euch nicht wirklich zuhören …
Mit der rechten Hand funktioniert alles, aber beim Essen kleckere ich doch wie ein Baby … Hier sind aber andere, die viel schlimmer dran sind als ich. Ich kann noch alleine essen und mit Begleitung auch schon ein bisschen laufen und ich kann äußern, wann ich auf Toilette muss. Jedoch sind hier fast nur Pflegerinnen, das ist wirklich peinlich, die stehen und warten, bis man fertig ist, furchtbar. Es gibt aber Schwestern, die machen die Tür zu, und ich darf dann klingeln. Das ist viel angenehmer, zwar peinlich, aber angenehmer. Wissen Sie, wie peinlich das ist, wenn einem jemand dabei zuhört und fragt

ob man schon fertig ist! Ich kriege meine Hand nur langsam gesteuert und soll das auf Kommando erledigen und steuern, so was Bescheuertes. Denkt ihr eigentlich auch mal nach? Aber das allerschlimmste ist, es geht auch mal daneben, dann ist die Hose nass. Die bemerken das auch sofort, dann geht ohne viele Worte die Hose runter und sie waschen emsig, ja da unten. Sie machen mich frisch wie ein Baby, das die Hose voll hat, einfach furchtbar. Ich könnte in Grund und Boden versinken, aber ich gebe mir Mühe. Manchmal sagt so ein junges Ding: „Nun ist alles wieder in die Hose gegangen, ich habe Sie vorhin am Tisch gefragt, ob Sie auf Toilette müssen". Am Tisch, wo die anderen sitzen. Da fragt mich so ein junges Ding, ein halbes Kind, ob ich auf die Toilette muss, vor allen anderen Männern und Frauen. Na ja, da musste ich eben noch nicht … aber es war … es ist zu spät.

Es gibt aber auch manche liebe Schwestern hier, die sagen mir immer wieder, dass ich mich nicht schämen brauche und dass es gar nicht schlimm ist. Manchmal tun die Schwestern so, als würden sie beim Intimwaschen wegschauen. Das ist dann um einiges angenehmer. Sie unterhalten sich mit mir und versuchen zuzuhören, ich kann mir Zeit lassen mit dem Sprechen und sie meckern nicht, wenn ich wieder meine Hose mit Essen bekleckert habe. Aber wissen Sie was, ich trage als erwachsener Mann einen Riesen-Latz. Sie sagen Kleiderschutz dazu, aber mal ehrlich, das ist doch wie ein Baby, aber na ja, irgendwie ist es auch so.

Oh, meine Frau, … sie ist so dünn, so schlapp, so erschöpft, was ist mit uns passiert? Ich sehe sie noch mit dem Mädchen an der Hand, ohne Mann, eine unglaublich schöne und starke Frau. Und ich kam zurück, gesund und – na ja, ich fand sie hübsch und sie hat mich genommen … Gedanken der Ehefrau: Da sitzt er ganz schwach und in sich zusammen gefallen, mutlos und die meiste Zeit in sich gekehrt. Oh, er läuft, aber es fällt ihm so schwer. Ich mag es gar nicht sehen, wenn er so läuft. „Setz dich ruhig Schatz, du brauchst nicht so viel zu laufen, wenn du es dir so schwerfällt."

„*Fr. H., Ihr Mann muss laufen, er kann laufen, sehr gut sogar.*" Ehefrau: „Ja, aber" Wo ist mein starker Mann geblieben? Der, der mich trotz meines Kindes geheiratet hat … Den ich damals auf der Straße sah? Und ich schämte mich so sehr. Mein Mann war tot und ich mit einem kleinen Ding im Arm. Ich war selbst noch ein junges Ding … Wer würde mich nehmen? … Aber er nahm mich. Er hat mich tatsächlich erobert, bedingungslos und voller Liebe hat er uns aufgenommen und wir haben alles gemeinsam aufgebaut. Aber ich bin auch müde. Ich mag nicht mehr, ich mag nicht mehr essen. Alleine zu Hause zu sein ist furchtbar … Alleine in einem großen Haus. Immer alleine … Er ist hier und ich zu Hause … Es ist kein Zuhause, wenn mein Mann nicht bei mir ist.

Die Kinder von Frau und Herrn H. wollen mit mir sprechen „Wissen Sie, meine Mutter, die isst nichts mehr. Ich kriege sie nicht dazu, etwas zu essen." Kinder: „Sie äußert oft sterben zu wollen und möchte nur wegen Papa nicht sterben. Sie sagt, er braucht sie. Was sollen wir tun, sie verhungern lassen?"

„*Ich glaube, Ihre Mama ist einsam, es ist schwer, einen Menschen zu verlieren, aber den Menschen, den man liebt, in diesem*

Zustand zu sehen und nur besuchen zu können. Das Gefühl, den geliebten Menschen im Stich zu lassen, das Gefühl zu haben, dass er sie braucht und zu Besuch kommen zu dürfen für ein paar Stunden. Sie sind wie Turteltäubchen, wenn sie zusammen sind. Heute Nachmittag ist Tanznachmittag, kommen Sie und schauen Sie sich an, wie schön es ist, wenn sie zusammen sind. Es fällt ihr schwer zu akzeptieren, dass ihr Papa noch etwas kann und dass er sich trotz seines Alters anstrengen muss. Wissen Sie, Sie sollten überlegen, ob es für beide nicht einfacher wäre, wenn Ihre Mama hier wohnen würde. Dann hätten sie das Gefühl, noch zusammen zu sein. Dann wird sie wieder essen, denn wenn sie hier zum Tee mit Ihrem Papa sitzt, isst sie auch Kuchen und trinkt Tee mit ihm. Kinder: „Ja? Wir dachten, sie trinkt auch nichts. Wissen Sie, wir arbeiten noch, wir gehen auf die 65 zu. Wir sprechen uns ab und setzen sie hier ab und müssen gleich weiter." *„Ich weiß, es ist auch für Angehörige nicht leicht, das alles zu sehen und zu akzeptieren, und es ist auch schwer, sich einzugestehen, dass man wenig Zeit hat. Das ist mir durchaus bewusst, aber Ihre Mama braucht wohl Menschen um sich herum, zumindest Ihren Papa. Wenigstens solange er noch da ist. Wenn Sie hier ist, unterhält sie sich auch mit anderen Frauen und es geht ihr von Minute zu Minute sichtlich besser. Wenn sie zwei Zimmer hätten, könnte sie immer rüber gehen und nach ihm schauen. Sie wäre aber auch in der Lage, wenn ihr alles zu viel wird, sich zurückzuziehen oder wir würden sie darum bitten, sich etwas auszuruhen, wenn wir erkennen, dass die Situation etwas zu erschöpfend für sie ist. Kommen Sie heute Nachmittag und schauen Sie sich an, wie die beiden hier integriert sind und wie wohl sie sich gemeinsam fühlen und dann überlegen Sie, was das Beste* *ist. Jetzt muss ich aber zu den beiden, mal schauen, ob alles in Ordnung ist.*" Tochter: „Wir kommen heute Nachmittag noch mal" „*Schön, vielleicht beobachten Sie einfach nur und zeigen sich erst mal nicht*".

„*So, heute ist Tanznachmittag Sie beiden Turteltäubchen, es gibt Musik und viel Spaß und natürlich leckeres Essen.*"

Die Musik spielt … das macht Spaß, meine Frau lacht und sieht glücklich aus … Wir schunkeln zusammen im Stuhl hin und her und wir singen. Na ja, ich konnte noch nie gut singen, aber ich mache mit. Na ja, vielleicht ist es nur ein lautes Brummen, weil sie, meine Gerlinde, da ist.

Kinder: „Wir haben gesehen, wie lieb meine Eltern miteinander umgehen, so wie früher. Ich kann mich an meine Eltern nur im Guten erinnern. Meine Mutter ist hier wie ausgewechselt. Sie bekommt hier vor Lachen und Spaß richtig Farbe. Wir werden mit Mutti reden und sie fragen, was sie möchte."

Mutter: „Ich muss hier bei Papa sein. Ich ziehe hier mit ein, aber was ist mit dem Geld? Ist das nicht zu teuer?" Kinder: „Gut Mutti, ihr gehört zusammen, das haben wir nun eingesehen. Verzeih uns, wir waren egoistisch und wollten dich bei uns festhalten, aber das war nicht richtig von uns. Wir sind immer arbeiten und du bist doch alleine zu Hause. Über Geld brauchst du dir keine Sorgen machen, wir sind doch da." Mutter: „Ich liebe euch, ihr seid alt genug und müsst euer Leben leben und ich, ich gehöre zu Papa. „Schatz, ich möchte bei Dir bleiben, wenn wir zusammen sind, ist alles einfacher …"

„Ja, das ist schön" … komisch, meine Frau versteht, was ich sage ohne nachzufragen … meine Frau … hier bei mir, das ist schön, dann werde ich mir noch mehr Mühe geben mit dem Laufen …

Mutter: „Das machen wir. Ich ziehe mit ein, dann sind wir nicht mehr getrennt, so wie wir es uns immer versprochen haben."

Ist es nicht schön, so etwas mitzuerleben, wenn Menschen für jede gemeinsame Stunde dankbar sind? Menschen, die Ihr Eheversprechen leben …

„Sie braucht mich und ich brauche sie! Für immer zusammen."

Seitdem blühen beide auf, sie lacht wieder mehr und unterhält sich mit anderen Mitbewohnerinnen. Sie putzt sogar ihr Zimmer selbst, das kann sie noch ganz gut. Sie teilt sich ihre Hausarbeit in Wochentagen auf, so hat sie es immer getan. Sie schält im Wohnbereich Kartoffeln fürs Mittagessen mit ein paar anderen Bewohnerinnen. Dann geht sie zu ihrem Mann, macht ihm einen Tee und sie schauen gemeinsam fern. Sie genießen sichtlich die letzten Tage oder Jahre, wer weiß das schon, noch gemeinsam. Das ist doch ein wahres Geschenk von bedingungsloser Liebe. Zwei alte Menschen, die gemeinsam so vieles überstanden haben und es nicht ertragen können, getrennt zu sein. Als sie getrennt waren, sind sie jeder für sich, jeden Tag ein Stück gestorben. Sie waren wie verwelkte Blumen. Jetzt blühen die alten Knospen wieder auf und sie genießen voller Liebe ihr gemeinsames Leben. Man sollte sich ein Stück von ihnen abschneiden, ja eigentlich wäre es Wert, so ein Leben zu studieren und aufzuschreiben. Vielleicht um all den vielen getrennten Menschen, denen der zweite Part fehlt oder den man hat gehen lassen, vielleicht sogar fortgeschickt hat auf der Suche nach, wer weiß schon was. Um all denen zu zeigen, was es bedeutet gemeinsam, nicht einsam, fortzuschreiten.

Gemeinsam durchzuhalten und nicht jeder alleine zu kämpfen. Dem anderen mit Respekt zu begegnen. Ja, manches dürfen wir von so einem uralten liebenden Paar lernen … Aber wir wollen nicht. Wir wollen nur kritisieren, was wir nicht verstehen und schauen nicht ein kleines Mal hinter die Kulissen, denn das wollen wir gar nicht. Denn so müssten wir erkennen wie dumm, eingebildet und ja, wie egoistisch wir alle doch sind. Und so irgendwann allein und vielleicht ohne Liebe zurückbleiben. Die dummen Worte „ach hätte ich nur" sind dann nur Schall und Rauch.

„Guten Morgen Frau L., aufstehen." „Nein, geh weg, ich möchte noch schlafen." … Die zieht mir die Decke ab, na warte. *„Aua, Sie können mich doch nicht treten, so geht das nicht."* „Geh weg, blöde Kuh.". *Ich gehe zu meiner Kollegin und erzähle ihr alles, können wir sie nicht einfach liegen lassen? … Meine Kollegin hat das Problem toll und wirklich respektvoll gelöst, sehen Sie selbst. Meine Kollegin: „Ich versuche gleich mein Glück." „Ich warte 10 Minuten und gehe dann rein. Sie ist 99 Jahre alt, was kann man da erwarten!". „Das Problem ist, wenn sie den ganzen Tag schläft, isst und trinkt sie nichts und heute ist auch noch ein besonderer Tag. Ich schaffe das schon. „Guten Morgen Frau L., aufstehen."* „Nein, ich will nicht." *„Die Kinder müssen zur Schule und die Kühe müssen noch gemolken werden."* „Oh, jaaa … danke, ich stehe sofort auf" … *Das klappt immer wieder.* „So, schnell ins Bad und fertigmachen. Was ist mit meinem Mann?" *„Der ist schon los. Ich habe ihm Frühstück gemacht."* „Oh, du bist wirklich eine gute Magd, ich bin froh, dass ich dich habe. So, ich bin fertig gewaschen und angezogen. *„Sie haben auch was Hübsches an, Sie haben heute Geburtstag"* … *„Ich setze Sie in*

den Rollstuhl." „Ja, das Laufen fällt mir heute schwer, danke Liebes." *Frau L. hat heute Geburtstag. Sie wird 100 Jahre alt und sie freut sich sichtlich. Den ganzen Tag lächelt sie und murmelt vor sich hin. Sie ist noch lebensfroh, obwohl sie kaum was spricht. Außer man fragt sie. Sie kann selbst nicht viel, muss gefüttert werden, doch trotzdem hat sie Lebensfreude und lacht und freut sich über kleine Dinge wie ein leckeres Eis.* „Hmm ist das lecker, hmm. Haben die Kinder auch Eis?" „Ja, *schauen Sie, alle essen Eis, auch Ihr Besuch." Es sitzen noch 5 weitere Bewohner am Tisch und essen ebenfalls Eis. Sie schaut sich um und freut sich.* „Schauen Sie, Ihre Geburtstagsblumen – *sind die nicht schön?"* „Oh, jaaa … wunderschön." *Sie kneift ihre Augen zusammen und lächelt, obwohl sie diese gar nicht mehr sehen kann. Jedenfalls sagt das der Arzt. Sie sei fast ganz blind und sie sehe nur Schatten … Na ja, wer weiß schon, was sie wirklich sieht. Oft fragt sie, ob die Kinder in der Schule sind oder ob ihr Mann schon was gegessen hat. Wir sagen dann:* „Ja, Sie haben ihm vorhin etwas zu essen gemacht, bevor er in den Stall ist." *Heute freut sie sich sichtlich, im Mittelpunkt zu stehen. Über jeden Glückwunsch, den sie heute empfängt, ist sie dankbar. Sie singt und lacht oft den ganzen Tag. Sprechen tut sie wenig, aber was ist schon sprechen wert … Lachen und singen scheint wohl Medizin zu sein. In so einer manch verwirrenden Stunde hat diese nun alte Dame sich eine kleine Freude mit Gesang bereitet. Trotz des wirklich schweren Lebens und eigentlich hat doch so ein Mensch nichts mehr, oder? Wie kann sich ein Mensch nur so über kleine Dinge wie ein leckeres Eis oder Blumen freuen? Zumal sie sie angeblich gar nicht richtig sehen kann. Was ist das Leben bizarr … und was können wir alles von so einem Menschen lernen … Wir sind doch wirklich wunderbare und sonderbare Geschöpfe, wir Menschen. Junge Menschen haben keine Lebenslust und sind mit ihrem Leben und ihrem Leid ständig beschäftigt und am Hadern. Immer am Nörgeln und immer unglücklich darüber, wie sie von den anderen Menschen behandelt werden. Und so ein alter Mensch ist noch da! Wieso eigentlich? Sie freut sich über Kleinigkeiten und über das Leben trotz Schmerzen und Leid, aber sie ist dankbar, weil sie jeden Tag als ein Gottesgeschenk sieht … Manchmal verwechselt sie einen Bewohner mit ihrem toten Ehemann und fragt ihn, ob das Essen gut war und ob sie gut gekocht habe. Dieser antwortet mit „ja" und sie ist glücklich und zufrieden …* Was sind die alle lieb zu mir und unsere Magd, die kümmert sich wirklich um alles. Ich kann auch gar nicht mehr richtig sehen. Gut, dass sie da ist, aber die ist ganz schön hübsch. Ich muss aufpassen, dass mein Mann, der Filou, ihr nicht schöne Augen macht. Morgen mache ich mich hübsch, damit er weiß, wo er hingehört. … *Manche alten Menschen haben die Angewohnheit, leise vor sich her zu murmeln, aber man kann trotzdem verstehen, was sie sagen. Genießerisch ihr Eis essend und glücklich grinsend geht dieser Tag zu Ende, ein Tag, der mit Tritten begonnen hat. Im Geiste die Aufgaben verrichtend, die von einer Bäuerin zu verrichten sind, geht sie erschöpft, aber zufrieden zu Bett. Wir können wirklich viel lernen, wenn wir die Augen öffnen und uns nicht in Mitleid suhlen, wenn wir die „sabbernden, vollgekleckerten und manchmal auch weinenden Menschen sehen." Manchmal wissen wir, dass dieser Mensch sich eingemacht hat. Wir können es riechen und ekeln uns und wir können das nicht mehr ertragen und gehen. Man könnte die Schwester drum bitten, mit Mutti auf Toilette zu gehen und dann würde sich die Mutti wieder an den Tisch* setzen. *Eigentlich eine ganz normale Situation, aber oft sagen die Kinder. „Mutti hat sich eingemacht, ich gehe." Wir denken dann oft nur an uns. Wie leid einem dieser Mensch tut, anstatt auf ihn zuzugehen und vielleicht sagt oder zeigt uns dieses Wesen, was es möchte und wenn es nur ein Lächeln oder eine Berührung ist, dass Sie ihm zurückgeben. Oder Sie bringen spontan ein paar Pralinen mit. Ich kann Ihnen sagen, die Augen werden Ihnen vor Freude aufgehen, wenn Sie sehen, wie so ein Mensch mit Genuss eine Praline verschlingt. Darf er das? Er hat vielleicht Diabetes oder eine andere Krankheit, wo der Arzt raten würde, keine Süßigkeiten zu geben. Ich sage Ihnen: „Ach was." Es zählt nur noch das Hier und Jetzt, wenn man so alt ist." Das ist das, was uns diese Menschen tagtäglich zeigen. Vielleicht sind diese Menschen genau aus diesem Grund noch Teil unserer Gesellschaft, um uns einen kleinen bezaubernden Einblick zu gewähren in die schönen Dinge des Lebens. Es gibt immer eine Freude, die man machen kann. Ein Eis mitbringen, ein altes Foto und die alte passende Geschichte dazu, die die Augen zum Leuchten bringen. Wenn Sie erzählen, wie Sie als Kind einen Streich gespielt haben und Ihre da gerade sitzende Mutter Ihnen eine Ohrfeige gegeben hat. Sie wird lächeln und sich an eben diese Situation mit Freude erinnern und die Bilder werden in ihrem Geist wach und auch in Ihrem. So sind sie gemeinsam für einen Augenblick im Geiste verbunden. Natürlich vorausgesetzt, Sie wollen sich mit diesem Menschen verbinden. Aber ich zwinkere Ihnen jetzt gerade aufmunternd zu, denn einen Versuch ist es auf jeden Fall Wert und Sie werden sich wundern, auf welche wundervolle Reise Sie gemeinsam gehen. Ja, was kann das Leben ein Geschenk sein und ja, unsere Rolle darin ist ganz bizarr und sonderbar. Keiner weiß, wie lange diese Reise*

*geht und wohin sie für jeden von uns führt. Sagen Sie, wenn
Sie jetzt hundert Jahre wären mit dem Bewusstsein, es kommt
nicht mehr viel, sind Sie zufrieden mit sich mit ihrem jetzigen
Ich oder nicht? Und was können Sie sich von dieser Dame ab-
gucken und besser machen? Na, haben Sie gut aufgepasst? ...
Dann gönnen Sie sich doch schon mal ein Eis.*

*Frau B. ist 87, ich kenne sie nur im Rollstuhl sitzend, selten
spricht sie ein Wort. Sie kann aber klingeln, falls sie uns benötigt. Sie kann auch selbst essen, aber leider sitzt sie im Rollstuhl mit einem Gurt fixiert, damit sie sich nicht verletzt, weil
sie sehr unruhig ist und mit ihrem Oberkörper dann irgendwas
sucht und vornüber herausfallen könnte ... Im Bett braucht sie
keine Fixierung, da klingelt sie, wenn sie auf Toilette möchte.
Aber in letzter Zeit fällt sie immer aus dem Bett. Das ist merkwürdig. Wir haben dann das Bettgitter hochgezogen und sie ist
darüber weggestiegen, aber hat sich zum Glück nichts getan.
Sie klingelt normalerweise, wenn sie auf Toilette möchte, aber
im Moment behauptet sie, sie könne laufen, sehr merkwürdig.
Vielleicht kann sie doch laufen, quatsch, die kann nicht laufen,
ich kenne sie gar nicht laufend. Sie ist hier eingezogen mit dem
Rollstuhl und ist bereits so viele Jahre schon hier in dieser Einrichtung. Aber vielleicht versuchen wir es mal einfach, um ihr zu
beweisen, dass sie es nicht kann.* „Ich kann laufen, ich muss
dringend auf Toilette." *Meine Kollegin und ich holen einen
Rollator und sagen zu ihr „Frau G., dann laufen wir doch mal
zur Toilette." Was meinen Sie, was passiert ist? Meine Kollegin und ich schauen uns verdutzt an und Frau G. kann auf
einmal wieder laufen. Ist das möglich? Wie ist das möglich? Sie
läuft ohne Wackeln am Rollator, einfach mit einer Schwester als*

Begleitung zur Toilette. Sie hat ganz schön Schmackes drauf. Gut, dann lassen wir sie laufen. Alles hat sich verändert. Sie steht von ihrem Sitzplatz auf und läuft zur Küchenzeile, nimmt das Küchentuch und putzt und trocknet das Geschirr. Nicht wackelig und es sieht auch nicht gefährlich aus, nein, ganz sicher … Komisch! Die Tochter steht da und schaut ihrer Mutter verdutzt zu und kann es nicht begreifen … Tochter: „Seit vielen Jahren kann Mama nicht mehr laufen, ich begreife es nicht" Wir alle nicht! Ist es möglich, dass ein Mensch vergisst, dass er nicht laufen kann … ja … wie oder warum, das wissen wir nicht, aber Wunder geschehen. Abends bringen wir sie zu Bett und sie hat nur ein Nachthemd an. Damit sie besser zurechtkommt, hat sie nichts darunter an, denn sie geht nun alleine in der Nacht auf den Toilettenstuhl, der am Bett steht. … Ein Wunder! Dann schaut sie unter ihr Nachthemd bemerkt, dass sie nackt darunter ist und fragt: „Oh, bekomme ich heute Abend noch Besuch?" Sie lächelt schelmisch und legt sich mit einem glücklichen Gesichtsausdruck hin. … Erstaunt und total verwirrt verlassen wir das Zimmer … Frau B. konnte einen ganzen Monat laufen und in der Küche helfen und hat gut gesprochen und starb dann ganz unerwartet friedlich in ihrem Bett.

Offensichtich sind wir das, was wir in unserem Geist erschaffen.

„Ahhh … aaaahhh … aaahhh." *Was hat sie?* „Frau S., was haben sie? Kann ich Ihnen helfen?" *Frau S. hat oft den Kopf nach vorne über gebeugt, ihr fällt es schwer, den Kopf hochzuhalten. Sie kann nicht laufen und sitzt in einem Rollstuhl. Sie benötigt Hilfe in allen menschlichen Bedürfnissen. Sie bekommt Essen und Trinken angereicht. Sie kann nicht reden. Sie kann nur mit Lauten auf sich aufmerksam machen und kann ihre Hände nur leicht heben. Sie schaut mich mit großen Augen an und sagt nur: „aaaahhh aaaahhh" Ich kann nichts verstehen. Ich weiß einfach nicht, was sie möchte. Ich versuche zu raten und Fr. S. wird immer nervöser, sie zeigt mit dem Finger in eine Richtung. „Da isst gerade jemand einen Apfel, haben sie Hunger?" Sie schüttelt ein ganz klein wenig den Kopf. „aaahhh aaahhh" Ich versuche es weiter. Das Fenster ist offen. Ist Ihnen kalt oder zieht es?* Sie schüttelt noch heftiger den Kopf und sagt immer wieder „aaahh aahhh". Sind die alle zu blöd, ich zeige doch, was ich will. Nun hör doch zu, schau doch mal hin. *Ich weiß einfach nicht, was sie will. Möchten Sie zu Ihrer Tischnachbarin? Sie schüttelt weiter den Kopf. Nach einer Weile streichle ich ihr in Hektik errötetes Gesicht. „Entschuldigung, ich bin einfach zu blöd, ich kann sie nicht verstehen, es tut mir sehr leid." Fr. S. schaut mich traurig an und ich muss weiter zum nächsten Bewohner. Ich schaue mich um und mir fällt auf, dass eine Bewohnerin nicht an ihrem Platz sitzt. Wo ist sie? Ich schaue überall nach. Da höre ich Fr. S. wieder: „aaahhh, aaahh". Mit ihrem Finger in eine Richtung zeigend. Ich schaue noch mal in die Richtung und sehe gerade eine Zimmertür zugehen. Wollen Sie mir sagen, dass Ihre Freundin dort in das Zimmer ist? Sie nickt und nickt und ist scheinbar überglücklich, dass ich dumme Kuh endlich verstanden habe, was sie mir sagen wollte, und es einfach nicht begriffen habe. Ich gehe in das Zimmer und finde die Freundin von Fr. M., die sich in das Bett eines anderen Bewohners gelegt hat.* „Hallo, was machen Sie denn hier in diesem Zimmer, lassen Sie uns Ihr Zimmer suchen." „Nein, ich bleibe hier." *„Das geht nicht, der Herr B. mag das nicht so gerne, wenn eine fremde Frau in seinem Bett liegt." Sie steht sofort auf, sichtlich wütend geht sie mit mir aus dem Zimmer.*

Dann sagt sie: „Ich beobachte Sie schon lange. Sie laufen hier rum in meinem Haus und tun so, als würde es Ihnen gehören, das ist mein Haus. Haben Sie was mit meinem Mann? Ich möchte, dass Sie mein Haus sofort verlassen." *Sehr irritiert schaue ich sie an. Es verschlägt mir kurz die Sprache.* „Aber nein, Ihr Mann hat nur Augen für Sie." *Ich kann ihr doch nicht sagen „Ihr Mann ist schon seit 20 Jahren tot und ich bin erst 24", das geht doch nicht. Also, was soll ich sagen, ohne sie zu verletzen? Mist, das ist nicht so einfach.* Laut ruft sie: „Ich habe dieses Flittchen in meinem Bett erwischt. Sie liebt meinen Mann, die muss weg. Sie verlassen sofort mein Haus." Sichtlich enttäuscht und mit Tränen im Gesicht weist sie mit dem Finger auf die Tür ..." *Okay, es tut mir sehr leid, dass ich Sie verletzt habe, Sie waren immer sehr nett zu mir. Ich gehe natürlich sofort. Ich packe jetzt meine Sachen und gehe."* Im Gehen hörte ich sie noch sagen: „Na endlich, ich hab' es geschafft, die ist weg, mein Mann gehört mir. Mir ganz alleine. Ich habe gewonnen." *Ich gehe mit gesenktem Blick ins Büro, hole dort meine Jacke und meine Tasche und gehe. Sie schaut mir nach, wie ich die Tür hinter mir zu mache. Verwirrt, aber mit dem Gefühl, die missliche Situation noch gerettet zu haben, gehe ich auf eine andere Station und informiere meine Kollegin über die Geschehnisse. Diese geht und schaut nach ihr und ich mache eine kleine Pause, helfe noch ein wenig auf der anderen Station aus. Ca. eine Stunde später ist alles vergessen. Die Bewohnerin unterhält sich ganz normal mit den Mitbewohnern und später auch mit mir, als wäre nichts gewesen. Es steht mir nicht zu, zu urteilen, was gewesen war oder ob es der Tatsache entspricht. Vielleicht ist dies alles einmal so geschehen und war Teil ihrer Vergangenheit, aber dieses*

Geheimnis wird sie wohl mitnehmen. In diesem Moment hat-
te sie das Bedürfnis, mich hinfort zu jagen, und ich musste es
akzeptieren, was mir schwerfiel. Da ich ja angeblich mit ihrem
Mann ein Verhältnis habe. In ihrer Vorstellung hat sie mich so-
gar mit ihrem Mann erwischt. Das muss doch unendlich weh-
tun und verletzen. Sie war wirklich sehr wütend darüber, dass
ich in Ihrem Haus herumspaziere und ihr ihren Mann wegneh-
men wollte. Also war es doch ihr gutes Recht, mich hinauszu-
werfen, und ich bin gegangen. Das muss unendlich wehtun zu
wissen, dass die Geliebte im Haus ist, und sie erträgt es schwei-
gend, bis es aus ihr herausplatzt. Vielleicht hatte sie auch jetzt
erst gerade den Mut gefunden, die Geliebte ihres Mannes hin-
auszuwerfen. Vielleicht und nur vielleicht hat sie dies nun nach
40 oder 50 Jahren gewagt … Wer weiß schon, was wirklich war.
Das Hier und Jetzt, dieser Moment zählt und nur dieser Mo-
ment mit diesem Gefühl, dass jetzt gerade in Dir brodelt. Wen
interessiert's, was wirklich war … Glauben Sie, es würde etwas
bringen, sich mit ihr zu streiten? Ihr zu erklären: „Sie spinnen
doch, es ist nicht wahr, Ihr Mann ist ja schon so lange tot und ich
bin ein junges Ding und würde mit Ihrem alten Mann nichts an-
fangen." Glauben Sie wirklich, das würde ihr wahrgenommenes
Bild berichtigen? Nein, sie wäre verletzt und gedemütigt. Und
sie würde außerdem behaupten, ich würde lügen, da sie doch ge-
nau gesehen hat, was geschehen ist. In ihrem Kopf ist es jetzt
gerade aktuell. Sollten wir diese Illusionen zerstören? Haben wir
das Recht dazu? Haben wir das Recht dazu, einem Menschen
all das zu nehmen, was er in diesem Augenblick zu sehen und
zu fühlen glaubt? Und können wir das überhaupt? Bedenken
Sie, wenn zwei Menschen unterschiedlicher Meinung sind, endet
es in Streit, und keiner ist dabei zufrieden und wirklich keiner

gewinnt. Ruhe würde mit Sicherheit nicht einkehren. Also wäre dann keine Lösung in Sicht. Entscheiden Sie selbst und überlegen Sie, wie Sie reagiert hätten. Und vielleicht lernen Sie, so wie ich und meine Kollegen im Laufe der Jahre ständig dazu.

Vor vielen Jahren war ich noch in der ambulanten Pflege. Wir besuchten die Kunden zu Hause, wobei wir früher Patienten sagten, und dort habe ich vieles gelernt. Unter anderem, dass es ein Unterschied ist, ob man zu den Menschen nach Hause fährt und dort hilft oder ob man in einem Heim seine Arbeit tut und in die Zimmer der Bewohner geht und dort hilft. Die Bewohner zu Hause vermitteln einem gleich, dass sie das Sagen haben und dass ich nur zu Gast bin. Das macht wirklich einen großen Unterschied, im Heim möchte man gerne einfach alles übernehmen, weil es oft schneller geht. Überall ist man schnell bei der Hand, man öffnet einfach so eine Schranktür und holt Kleidung zum Anziehen heraus. Aber wenn man einen Patienten zu Hause besucht, fragt man ganz automatisch, ob man an den Schrank gehen darf und etwas herausholen darf. Ich hatte im Laufe der Jahre mit unterschiedlichen und interessanten Menschen zu tun. So habe ich eine ganz unglaubliche Dame kennengelernt. Ich sollte nach ihr schauen, weil sie sich einen Arm gebrochen hatte. Ich brachte warmes Essen dorthin und erledigte auch die benötigten Einkäufe. Als ich zum ersten Mal dort hinkam, dachte ich, was für eine merkwürdige Frau. Eine Frau wie aus einem Märchenbuch, ein wenig wie eine gute Hexe oder sowas. Sie war sehr lieb, aber etwas exzentrisch. Es lässt sich schlecht beschreiben. Ich kam also das erste Mal dort an und die Dame erzählte mir, wie sie angefahren worden sei und dann mit ihrer Katze vom Fahrrad stürzte.

Sie lag nach meinem Wissen eine Woche im Krankenhaus und trug nun einen Gips. Dann fragte ich irritiert: „Katze?" Ich fragte sie, ob ihre Katze dabei verloren gegangen sei. „Nein, ich hatte sie ja an der Leine." *Eine Katze an der Leine ist komisch, sagen Sie? Nein, heute würde ich tatsächlich sagen, durchaus nicht. Dann zeigte sie mir ihre Katze. Eine Katze, eine wirklich lebende Katze mit einer schönen Schleife um den Hals und auf einem kleinen Puppensofa. Ja, wirklich. Daneben war ein etwa wie ein mittlerer Blumentopf großer Tisch. Ein Tisch mit Tischdecke und einem kleinen Teller, auf dem Katzenfutter lag. Die Katze hatte auch die Möglichkeit, sich in ein Puppenbett zu legen. …Es erschien mir alles sehr unwirklich, dieses seltsame Bild vor mir zu sehen. Neben dieser ganzen Szene schaue ich auf und sehe, dass das Sofa die gleiche Farbe und Form hat wie das tatsächliche Sofa, auf das die Frau sich setzen konnte. Der gleiche Teller in groß liegt auf dem Sofatisch auf der gleichen Tischdecke. Alles schien wie ein Duplikat zu sein. Ich konnte nicht sagen, welches dieser Szenarien merkwürdiger war. Das real große Sofa oder die Zwillingsversion auf dem Boden. Dann stand auf einem Minischrank, wovon es auch eine normalgroße Version gab, ein kleiner Bilderrahmen mit dem Bild der Frau, das die Katze betrachten konnte. Auf der großen Version stand ein Bild von der Katze, das die Frau betrachten konnte. Ich kam mir vor wie in einem Spiegelkabinett, eine verzerrte Version der Wirklichkeit. Dann sprach sie ganz leise:* „Du, Mieze, die hat keine Ahnung, dass Du Gefühle hast und auch nur ein Mensch wie ich bist. Ich muss es Dir ganz gemütlich machen und Du bekommst von mir alles, was Du Dir wünschst. Ich liebe dich, ich habe doch nur dich. … Wir beide haben nur uns." *Sie streichelt die Katze und mit einem Blick, der nur Glück ausstrahlt, während sich die Katze in ihrem Sofa windet und schnurrt. Ich kann meine Augen von diesem Bild nicht ablassen, mein Gesicht muss Bände gesprochen haben.* Die Frau gab mir dann ein paar Bücher mit. Dann sagt sie: „Schauen Sie sich das mal an, da steht alles drin. So geht man mit kleinen Menschen um." *Zu Hause angekommen kann ich es nicht fassen, dass ich diese Frau nicht in eine Irrenanstalt habe einweisen lassen oder ob ich mich hätte einweisen lassen sollen. Ich konnte erst gar nicht einordnen, ob ich das geträumt hatte. Sie tat ja niemandem etwas, sie war einfach nur speziell. Und in diesen Büchern, ich konnte es gar nicht glauben, waren solche Szenen wie ich sie vorgefunden hatte, abgebildet. Es schien nicht nur eine Frau zu geben, die so merkwürdig war. Nein, es gab mehrere Menschen, die sich offensichtlich von der Realität abgewendet haben und ihre Tiere als gleichgestellte Wesen ansehen. Es schien ein Kult zu sein. Vielleicht einen Ersatz für etwas Verlorengegangenes. Aber sie war in dieser Situation, so unwirklich wie sie war, glücklich und ich habe kein Recht, einem Menschen sein Glück abspenstig zu machen, vor allem nicht, wenn keine Gefahr besteht. Es soll nochmals wiederholt werden, der Katze ging es sehr gut. Da hätte man wirklich gerne Katze sein wollen. Über die Zeit erfuhr ich, dass diese Frau sehr belesen war und ich musste lernen, dass der erste Eindruck oft trügt. Die Frau war keinesfalls der Zeit oder der Welt entrückt. Sie war offensichtlich immer alleine, immer einsam. Jedenfalls ohne Mitmenschen, aber vielleicht brauchte sie wirklich Menschen um sich herum? Vielleicht wollte sie auch keine Menschen um sich herum. Sie las viel, sie war wirklich belesen und schuf sich trotz allem ihre eigene Welt.*

Ich habe in meiner Schulzeit eine Geschichte gelesen, in der ein Mann, ein Experiment durchführend, den Bezug zur Realität verloren hatte. Indem er den Dingen in seiner Umgebung andere Namen gab. Zum Beispiel: Zum Tisch sagte er Bett, zur Blume sagte er Stock und vieles mehr. Dabei verlor er mit der Zeit den Bezug zur Realität. Bis er der Welt ganz entrückt war und mit anderen Menschen nicht mehr kommunizieren konnte, da ihn keiner mehr verstand. Das Interessante allerdings war, er konnte nicht mehr zurückfinden, weil er nicht mehr in der Lage war, das alte Wissen zurückzuerlangen beziehungsweise neu zu erlernen. Es war zu spät. Er saß in seiner sich selbst geschaffenen Welt für immer fest. Ganz allein!

Zurück zu der Dame. Nach ca. 6 Wochen waren meine Dienste nicht mehr nötig. Die Dame konnte mit ihrer Katze an der Leine wieder selbst einkaufen gehen. Natürlich könnte man sagen, die Frau hat eine Meise, aber seien wir mal ehrlich, Sie und ich. Haben wir das nicht alle, oder? … Aber pssst, nicht verraten!

Ich bin Carl B., 78. Ich möchte Ihnen von mir erzählen, aber bitte, ich bitte Sie, urteilen Sie nicht schlecht über mich. Ich bin nicht ich. Oder vielleicht doch? Meine Frau Trinchen und ich leben in einem kleinen Ort bei Frankfurt. Na ja, bevor ich mich verlor. Ja, wirklich, ich bin verloren gegangen. Ich kann mich einfach nicht mehr finden, aber vielleicht gelingt Ihnen ja das Unmögliche und Sie finden mich. Sehen Sie selbst. Also, wir sind schon lange verheiratet, meine Frau und ich haben nur eine Tochter. Wir hatten zwei Mädchen, aber eines starb mit 40 Jahren an Krebs und meine Frau kam nie darüber hinweg. Und ich, ich glaube, ich versuche auf meine eigene Art, es zu vergessen. „Carl, wieso hast Du die Bücher vom Bücherregal schon wieder alle auf das Bett gelegt? Das sieht furchtbar aus, Du weißt doch, ich habe die Kraft nicht in den Beinen so lange zu stehen, pack sie wieder in das Regal." … „Ja, mache ich." … „Carl, ich habe dich vor 5 Minuten gebeten, die Bücher wieder einzuräumen, wie sieht das denn aus, wenn Deine Pflegerin gleich kommt, um Dich zu duschen. Das Mädchen muss denken, wir sind hier Schweine." … „Carl" … „Ja, Trinchen?" … „Was habe ich Dir gesagt?" … „Gesagt, was hast du gesagt?" „Carl, Du machst mich wahnsinnig, stell die Bücher ins Regal." … „Ach ja Schatz, mache ich." … „Carl, machst Du die Tür auf, es klingelt. Ich bin nicht so schnell, meine Beine tun so weh!" … „Ja, Schatz." … „Carl, Du sollst doch die Tür aufmachen. Es klingelt immer noch, das ist bestimmt Deine Pflegerin. Ich kann nicht so weit laufen." … „Ja Schatz." … „Carl, was ist nur mit Dir? Mach die Tür auf, verdammt noch mal." … „Okay, sag das doch Trinchen, kein Problem." … „Oh Gott, der macht mich wahnsinnig. Ich komme noch ins Irrenhaus mit dem Mann, der bringt mich noch ins Grab."

Pflegerin: „Guten Morgen Hr. B., lieb, dass Sie mir die Tür aufmachen. Wie gehts Ihnen heute? „Oh, prima und Ihnen?" *„Gut, danke."* (Ehefrau im Hintergrund schreiend … „Ich werde noch verrückt, der macht mich krank.") *„Was ist denn passiert?"* „Er macht mich wahnsinnig, er hat schon wieder den Müll inklusive Mülleimer mit weggeworfen. Er sollte den Müll wegbringen und hat den ganzen Eimer schon wieder mit weggeworfen. Das macht er mit Absicht, ich werde verrückt." *„Das macht er nicht mit*

Absicht und Sie wissen das auch. Warum geben Sie ihm im-
mer wieder den Eimer mit, der Beutel reicht doch." „Na, wie
sieht das denn aus, mit dem Beutel durchs Treppenhaus
zu laufen." *„Aber Sie wissen, dass er das dann tut und geben*
ihm trotzdem immer wieder den Eimer mit. Sie regen sich wie-
der auf und bekommen noch einen Herzinfarkt, Sie hatten doch
schon zwei. Sie brauchen ihm nur den Beutel mitzugeben, dann
geht es gut." „Das geht nicht, ach egal, den Eimer hat der
Nachbar schon rausgeholt."

Ich seufze, das bringt nichts mit der Frau zu reden, sie macht
es doch, wie sie will. „Na gut Hr. B., wollen wir gleich ins Bad
und Sie, Frau B., ruhen sich jetzt aus, danach messe ich Ihnen
den Blutdruck. Kommen Sie, junger Mann?" „Ich? Wieso?"
„Duschen!" Wir stehen im Bad und Herrn B. kullern Tränen
die Wangen herunter. „Herr B., alles okay –, was ist mit Ihnen?
Sie weinen ja, was ist passiert?" **„Ich weiß es, ich weiß es**
ganz genau, ich mache meine Frau krank, ich glaube,
ich bringe sie um." *„Nicht weinen, alles wird gut, kommen*
Sie. Ich drück Sie, schauen Sie mich an, nicht weinen." Das
ist doch komisch, man geht davon aus, dass Alzheimerpatienten
nichts wissen und nichts Neues behalten können. Ja sogar, dass
sie nichts mitbekämen. Jedenfalls hat man als Außenstehender
oft diesen Eindruck. Aber die Pflegekräfte, die täglich mit die-
sen oft verstörten Menschen zu tun haben, wissen es besser. Sie
bekommen schon mit, dass sie etwas Wichtiges vergessen haben,
sie können aber den Gedanken nicht fassen, jedoch wissen sie,
dass es wichtig ist und dass sie, wie man so sagt „durcheinan-
der sind." Oft sagen sie „Ich weiß, ich bin durcheinander" und
sind dabei sehr traurig. Also gibt es lichte Momente und dann
bekommen sie alles mit. Warum es so ist, kann wissenschaftlich

vielleicht erklärt werden, aber das ist nicht wirklich, was uns heute interessiert. Diese lichten Momente sind da. Folglich ist es diesen Menschen nicht egal, wenn Sie sich in ihrer Anwesenheit über sie unterhalten und sie für dumm halten. Worte wie „der ist so blöd im Kopf" habe ich schon oft gehört. Ich habe oft erlebt, dass als Reaktion darauf sich diese Menschen zurückziehen und weinen und dann erzählen, man hätte gesagt, sie wären so blöd im Kopf. Trotzdem neigen wir Menschen immer wieder dazu, zu glauben, dass diese Menschen eben dumm sind. Nicht wahr? Aber bedenkn Sie vielleicht aber nur vielleicht sind Sie auch bald „blöd im Kopf". Denn meiner Erfahrung nach bekommt man oft das, was man nicht will und an anderen kritisiert. Das glauben Sie nicht? Aber dieses Phänomen hat einen Namen: „Selbsterfüllende Prophezeiung." Und nun steht dieser Mann hier und weint. „Ihrer Frau gehts gut, sie ruht sich jetzt aus und alles wird gut." ... „So Herr B., ich helfe Ihnen schon mal die Sachen auszuziehen, die dreckige Kleidung lege ich zusammen. Ihre Frau hat schon frische Kleidung bereitgelegt. Was machen Sie da? Wieso wollen Sie raus? „Nein, Sie müssen duschen und Sie sind außerdem nackt. Herr B. schaut an sich herunter und schämt sich sichtlich. So, nun steigen Sie in die Dusche, Moment –, ich muss das Duschzeug und das Shampoo noch rüberholen. Oh Mist, das Shampoo ist leer, das hat sie wohl vergessen. Ich frage Ihre Frau, wo neues ist." Ich verlasse für einige kurze Minuten das Badezimmer. „Hallo, ich bin wieder daaaa, oh, ich war nur zwei Minuten weg. Wie haben Sie das so schnell geschafft, Sie sind ja wirklich fix ... Sie haben Ihre alten Sachen wieder an ... Also alles wieder ausziehen. Nun können Sie sich in die Dusche stellen. Sie brauchen sich nicht schämen, es ist alles gut." Hr. B. schaut sich immer

wieder zu mir um und hält sich seine Hände vor seinen Intim-
bereich. „*Na gut, drehen Sie sich mit dem Rücken zu mir um,*
hier ist Waschlappen und Seife, dann gehts los. Ich wasche Ih-
nen den Rücken." … „Aber nicht schauen." … „Aber na-
türlich schaue ich nicht." … Das Mädchen schaut bestimmt
doch, ich guck mal, wo sie hinschaut. Hab' ich mir's doch
gedacht, sie schaut mir genau auf den Po. Also wirklich,
das junge Ding. Ach egal, ich komm hier sowieso nicht
aus der Dusche raus, sie steht direkt davor und versperrt
mir den Weg. … „*Oh, das haben Sie geschafft, war gar nicht*
so schlimm. Ich helfe Ihnen noch beim Anziehen." „Das kann
ich ganz alleine, danke." … „*Oh ja okay, Entschuldigung,*
habe ich vergessen. So, ich gehe zu Ihrer Frau und messe schon
mal den Blutdruck."

„Hallo Frau B, wie geht es Ihnen?" „Hallo Liebes, ist
Carl schon geduscht?" „*Ja, aber was machen Sie da?*" „Ich
stelle die Bücher ins Regal." „*Aber das ist zu schwer für*
Sie." … „Ich habs ihm hundertmal gesagt, aber er macht
es einfach nicht. Er macht mich wahnsinnig und es sieht
furchtbar aus." „*Ich habe ihnen doch gesagt, lassen Sie die Bü-*
cher auf dem Bett, wenn er später zur Mittagsstunde ins Bett
möchte, packt er automatisch alle Bücher wieder ins Regal zu-
rück. Und Sie brauchen sich nicht aufregen, sie können das we-
gen Ihrer Knie nicht. Warum können Sie es einfach nicht lassen
wie es ist? Sie regen sich immer so auf." „Ich kann es nicht
so lassen, er kann doch einfach mal auf mich hören." …
„*Ihr Mann kann nichts dafür, er hat Alzheimer, Sie müssen sich*
nur ein wenig umstellen. Er ist ja sehr lieb dabei und ganz ru-
hig." „Ja, aber er macht einfach nicht das, was ich sage."
Ich seufze. „*Ja ich weiß, Sie aber auch nicht. Sie gehen kein*

Stück zurück von Ihrer Meinung und wollen Ihren Kopf immer durchsetzen, Sie geben Ihrem Mann gar keine Chance. Sie könnten es viel einfacher haben.“ Es bringt nichts, diese Frau ist einfach stur. … „Ich bin eben so … oh, oh … meine Brust.“ … „Fr. B., Ihr Puls rast, Sie setzen sich jetzt hin und ich rufe den Krankenwagen.“ Nach ihren Untersuchungen nehmen sie Frau B. mit ins Krankenhaus. … Ich habe die Tochter angerufen und warte in der Wohnung auf sie. Die Tochter war in der Zwischenzeit bei ihrer Mutter im Krankenhaus und ich habe die Zeit mit Hr. B. verbracht, bis sie kam.

Tochter: „Jetzt ist es soweit, wir müssen sie trennen, Ma und Pa waren nie getrennt. Der Arzt hat gesagt, dass meine Mutter nur knapp dem Tod entronnen ist und ein weiteres Mal würde sie töten. Wenn Sie gemeinsam in einem Heim untergebracht wären, würde sich meine Mutter trotzdem aufregen, es wäre wie zu Hause. Also können sie nicht im selben Altenheim untergebracht werden. Dann würde meine Mutter sterben. Sie hat es gerade mal wieder geschafft, aber ein weiteres Mal, dann wird sie sterben. Als meine Schwester starb, hat es meiner Mutter das Herz gebrochen. Seitdem hat sie Schmerzen und ist ein psychisches Wrack. Sie kann sich nicht damit abfinden, dass mein Vater so ist, wie er ist. Sie hat immer das Sagen gehabt. Meinen Vater herumkommandiert und er hat alles für sie getan und war nie böse auf sie oder gar wütend. Nach 60 Jahren getrennt zu werden ist furchtbar, aber sie dürfen sich nicht mehr sehen. Ich liebe beide und ich möchte keinen von beiden verlieren … Es geht nicht, ich bringe sie in unterschiedliche Heimen unter …

Erinnerung an folgende Worte: **„Ich weiß es, ich bringe sie um."**

Ich kann das nicht verstehen, wo ist mein geliebtes, wunderschönes Trinchen? Ich erzähle Ihnen diese Geschichten nicht, um Ihnen Angst zu machen, nein. Es geht nur darum aufzuzeigen, dass es in diesen Figuren und Formen, die wir vor uns sehen, in all diesen Menschen, die unserer Hilfe bedürfen, ob pflegender Angehöriger oder Pflegekraft, einen Menschen gibt, der unserer Liebe und unserer Zuneigung bedarf. Ohne dieses Verständnis kann man manchmal verzweifelt und hilflos sein, aber auch hart zu diesen Menschen und auch hart zu sich selbst. Einfach, weil man sich dieser Situation nicht gewachsen fühlt oder das Gefühl hat, das Gegenüber tut es mit Absicht. Wenn man erschöpft oder im Stress ist, hat man manchmal nicht die Kraft, solche Situationen zu meistern. Aber wissen Sie was, das brauchen Sie nicht. Manchmal hilft es, sich zurückzuziehen, durchzuatmen und dann mit neu gewonnener Geduld und Zuversicht weiter dem Menschen die Hilfe zu geben, die er benötigt. Und manchmal braucht unser Gegenüber nur eine Hand in seiner.

Oder aber eine ganz, ganz klitzekleine Lüge, wenn die Verzweiflung den Geist übermannt. Wie zum Beispiel: „Hallo Hr. B., machen Sie sich keine Sorgen um Ihre Frau. Sie ist gefallen und hat ein neues Knie bekommen. Jetzt ist sie auf Kur, um sich zu erholen. Dann ist sie ganz bald wieder bei Ihnen und so lange dürfen Sie hier gerne bei uns wohnen, damit Sie nicht zu Hause so alleine sind." „Ohh, das ist schön. Vielen, vielen Dank. Ich bin soo glücklich über diese Nachricht. Hier ist es sehr schön und so lange Trinchen sich erholt, bleibe ich gerne hier." *Na, wie urteilen Sie? War die kleine Lüge hilfreich? Sie hat auch gar nicht wehgetan, oder? Wie hätten Sie* diese Situation retten wollen? Hätten Sie ihm die Wahrheit gesagt, dass seine Frau nicht mehr bei ihm wohnt, dass sie woanders wohnen muss, weil er sie sonst tötet. Sein Herz wäre zerbrochen, ich glaube, er könnte diesen Schmerz nicht ertragen. Nein. Vielleicht doch? Also, was hätten Sie im ersten Moment gesagt und was würden Sie nach dieser Geschichte heute sagen? Haben Sie etwas daraus gelernt? Lassen Sie mich kurz ausschweifen. Ich bin streng katholisch erzogen worden, lügen war für mich nie eine Option und ist es heute immer noch nicht. Wenn mich heute ein Mensch belügt, verzeihe ich das nie und doch musste ich mit diesen besonderen Herausforderungen jonglieren. Ich glaube, dass wir die Aufgabe haben, diese Menschen zu beschützen, sie in unserer Gesellschaft aufzunehmen und ihnen das Gefühl von Geborgenheit zu geben. Ich betrachte diese Lügen nicht als Lügen, vielleicht eine kleine Verzerrung der Tatsachen. Im Prinzip hat sich die Frau nicht das Bein gebrochen, aber sie erholt sich sicherlich in ihrer Einrichtung. Also ich bin mir sicher, dass Gott uns dies gewiss verzeiht. Oder was meinen Sie?

Ich begleite Herrn A. mit dem Rollator an den Tisch im Wohnbereich. Herr A. ist ein faszinierender älterer Herr, wohl bedacht auf sein Äußeres und immer noch sehr adrett gekleidet. Er kämmt sich oft das Haar, auch wenn er mit dem ganzen Körper wackelt, hat er immer einen Kamm in der Tasche, und wenn es die Gelegenheit erlaubt, kämmt er sich in den Spiegel schauend das Haar. Vielleicht hat er Parkinson, aber oft sind die Diagnosen nicht geklärt. Diagnosen sind auch nur Namen, aber hier geht es um Menschen. Jedenfalls zittert er oft … Nun fällt er oft in sich zusammen, wenn er im Stuhl sitzt. Manchmal kann er auch gar nicht laufen, dann begleiten wir ihn im Rollstuhl sitzend in den Wohnbereich. Er muss in allen menschlichen Belangen unterstützt werden, aber er ist sehr stur und eigensinnig. Er möchte alles auf seine Art machen und eine andere Variante ist für ihn inakzeptabel. Er muss in jeder Situation erst seinen Kopf durchsetzen und dann oft kapitulierend zugeben, dass er etwas nicht selbst kann. Aber in der unterstützenden Pflege lässt man den Bewohner erst probieren, ob er es selbst kann. Dann wartet man ab und gibt anschließend die Unterstützung, die in dieser individuellen Situation gerade benötigt wird. Man greift also dann erst in die Situation ein, wenn er es alleine gar nicht schafft. Diese Vorgehensweise ist nicht dafür gedacht, dass sich das Personal ausruht und um die Ecke Kaffee trinkt, den Bewohner dabei beobachtet und sich amüsiert, während er sich bekleckert oder alles auf den Boden fallen lässt. Nein, so geben wir dem Bewohner die Möglichkeit, die Würde aufrecht zu halten. Nach Meinung mancher Angehöriger quält sich der Bewohner oft. Sie wollen es ihn gar nicht erst selbst probieren lassen. Nach ihrem Gefühl wäre es besser, man würde gleich das Zepter in die Hand nehmen und alles übernehmen. Aber dann geschieht auf einmal ein ganz seltsames Phänomen. Der Bewohner kapituliert und weil er dann das Gehirn nicht mehr fordert, kann er auch ganz langsam gar nichts mehr. Er würde dann resigniert vor sich her vegetierend in seinem Rollstuhl sitzen und darauf warten, dass einer ihm das Essen anreicht oder das Trinken. Laufen würde er erst gar nicht versuchen, da es ein Kraftakt ist. Die anderen Mitmenschen haben Mitleid mit seinem Gewackel und würden ihn schon von vornherein mit dem Rollstuhl schieben. So hätte er keinen Grund mehr, gegen sein Leiden aufzubegehren, und würde verkümmern. Aber auch für die Mitbewohner ist es schwer, da sie nur in der Lage sind, aus ihrer eigenen Perspektive *heraus zu sehen. Sie sehen einen kleckernden Mitmenschen und Personal, das dasteht und sich ausruht und ihn kleckern lässt. Für das Personal ginge es viel schneller, dem Bewohner alles abzunehmen, anstatt immer und immer wieder den Boden aufzuwischen und das in tausend Scherben zerbrochene Glas aufzulesen. Oder den Bewohner immer wieder umzuziehen, weil er sich mal wieder bekleckert hat, ganz zu schweigen von der vielen Wäsche. Aber das ist es nicht, was unser Auftrag ist. Denn es gibt meiner Meinung nach nichts Schlimmeres, als einem resignierten und vor sich her vegetierenden Menschen zuzusehen. Der vielleicht sogar nur auf seinen langsamen Tod wartet. Das ist wirklich schwer zu ertragen. Ist es das, was Sie wollen? Ich glaube nicht! Wenn man genau hinschaut, ist es sehr schön zu sehen, wie zitternde Hände den Löffel an den Mund führen und essen und dabei ihre Würde, ihren Stolz, ja ihr Selbst bewahren. Ist alles andere dabei nicht wirklich unwichtig, was wir wollen und wie wir es gerne hätten? Noch mal: Es geht hier nicht um Sie oder mich. Aber auch das Personal besteht aus Menschen und so manches Mal entweicht unserer Zunge so manch unüberlegter Spruch. Der nicht nur überflüssig, sondern auch verletzend ist. Sehen Sie selbst, warum.*

Oh, die anderen sitzen schon „Guten Morgen." Drei Herren sitzen mit mir am Tisch. Zwei kenne ich von früher, ich habe sie hier wiedergetroffen. Sie wohnen auch hier in diesem Altenheim, aber die waren schon immer etwas komisch. Aber ich muss nun mal mit denen klarkommen, also noch mal … „Guten Morgen." … *„Eine Kanne mit frischem Kaffee steht schon für Sie auf dem Tisch."* Oh, wie schön, ich liebe Kaffee und ich liebe das Frühstück. Hmm. Lecker. Ich schenke mir erst ein, dann ein leckeres

Brötchen, hmm … ein Schuss Milch dazu und etwas Zucker. Frühstück ist das Schönste des Tages. Hr. A., der mit ihm am Tisch sitzt, sagt zu der Pflegekraft: „Schenken Sie ihm ein und das Brötchen, machen Sie ihm das?" … „Nein, ich kann das ganz alleine." *„Ich helfe ihm gerne, wenn er es heute nicht schafft, aber erst versucht er es selbst. Es ist lieb, dass Sie sich immer darum kümmern wollen, aber Hr. B. hat das Recht, selbst zu entscheiden, was er möchte und was nicht, genauso wie Sie. Aber trotzdem vielen Dank für Ihren lieb gemeinten Hinweis."* … *„Wenn er Hilfe benötigt, sagt er es mir und ich helfe wie immer gern."* … Am liebsten würde ich ihm sagen, er soll den Mund halten und nicht immer besserwisserisch bestimmen, was man zu tun und zu lassen hat. Er kommandiert hier jeden herum. Der arme Herr A. hat ganz schön darunter zu leiden, wie gemein die Männer sind, aber sie müssen nun mal miteinander auskommen. „Ich kann das alleine, ich mache das immer alleine." Diese blöde Kuh lässt ihn alleine schmieren. Er kleckert sich alles voll und das ist einfach ekelhaft, der ganze Kaffee landet immer auf dem Teller mit dem Brötchen und dann schmiert die Pflegerin ein neues Brötchen, so eine Verschwendung. Der alte Idiot weiß doch gar nicht, was er kann und was nicht. Nur weil er sagt, er kann es alleine, kann er es trotzdem nicht. Und ich muss mir das ansehen, einfach ekelig. Da guckt euch das an, der ganze Kaffee auf dem Tisch und die Marmelade ist auf seinem Hemd. Nur weil die Schwester zu faul ist, ihm das zu machen. Aber ab und zu kann er es wirklich. Hmm, wahrscheinlich ist er einfach selbst zu faul und kleckert, damit er nichts zu machen braucht und man ihn von vorne bis hinten bedient. Ja, der hat früher im Amt gearbeitet, er war Bürgermeister, da brauchte er auch nicht viel tun. Die Sekretärinnen haben ihm alles gebracht. Während ich bei der Werft hart arbeiten musste und mir den A. aufgerissen habe, hat er faul im Büro gesessen und wurde von vorne und hinten bedient. Ja, vielleicht tut er nur so, als wäre er so krank, einfach mit Absicht. Ganz bestimmt ist das so, damit er bedient wird. Das wusste ich schon immer.

„Herr B., was machen Sie denn da schon wieder … ich gebe Ihnen einen Kleiderschutz … Sie haben den Kaffee in den Zuckertopf gegossen, jetzt kann ich alles wischen … ich schenke Ihnen eine neue Tasse Kaffee mit Milch und Zucker ein … Moment mal … bitteschön."

Herr B. schaut mich an, als würde er mich gar nicht hören. Heute ist ein schlechter Tag und er schafft es nicht alleine. Ich übernehme das Einschenken einer neuen Tasse Kaffee. Natürlich wäre es für mich einfacher, ich würde es gleich selbst machen und ihm anreichen, füttern sagt man ja nicht mehr. Aber das ist keine motivierende Pflege und wenn ich ihm das immer abnehme, wird er es irgendwann überhaupt nicht mehr können. Also wische ich lieber, wenn etwas schief geht. Aber das hätte ich so auch nicht sagen dürfen, das war nicht recht von mir und wirklich respektlos. „Entschuldigung, ich wollte nicht laut werden, es tut mir sehr leid." Er schaut mich an und sagt, es sei schon gut. Zuzugeben, wenn man sich falsch verhalten hat, ist auch etwas, was man täglich neu lernen muss. Es ist menschlich, dass man sich aufregt oder einen etwas stört, vor allem, wenn man erschöpft ist oder manches Mal sogar genervt. Als ich vor vielen Jahren in einer Pflegeeinrichtung neu eingestellt wurde, zeigte mir meine neue Chefin einen kleinen gemütlichen Raum, einen sogenannten Ruheraum. *Sie sagte zu mir, wenn ich mal genervt wäre, dürfe ich mich in diesen Raum kurz zurückziehen und durchatmen. Ich war sehr überrascht, aber sie hatte es ernst gemeint. Eine Tätigkeit immer und immer wieder tun zu müssen, kann sehr nervenaufreibend sein. Gerade wenn man genau weiß, würde man es selbst machen, wäre es schnell erledigt. Aber das ist nicht unser Pflegeauftrag. Es geht darum, nach den Bedürfnissen eines jeden Menschen zu agieren und nicht nach der eigenen Bequemlichkeit und schon gar nicht nach dem eigenen Zeitgefühl. Dem Menschen das Gefühl zu geben, er könne selbst noch etwas und es wäre nicht wichtig, ob etwas daneben geht oder nicht. Oder gar, wie viel Zeit er dafür benötigt. Dem Menschen Mut zuzusprechen, dass er etwas versuchen soll. Das lässt dem Menschen noch seine Würde und diese möchte jeder von uns bewahren, seine Würde. Also stell dich nicht so an und sei geduldig und vor allem respektvoll.*

Ich schaue diese Person da an … Kenne ich die? Sie schreit mich an … was hab ich denn getan, dass sie mich … oh, da ist Kaffee im Zuckertopf und auf meinem Brötchen, iiiiih, wer war das denn? … Ich war das nicht, ich habe es in die Tasse gegossen. … Was will die von mir? … Jetzt schmiert sie mir das Brötchen und fragt mich, was ich drauf möchte … das ist lieb, aber das kann ich selbst. … Aber, aber … oh je, ich kriege gar keine Butter auf mein Brötchen, was soll das? … Wieso klappt das nicht? … Ich kann gar nicht, meine Hand zittert. Ich habe ja auch ganz schlecht geschlafen, ich bin wohl müde und erschöpft, deshalb klappt es wohl nicht. Das Zittern ist wirklich sehr unangenehm, das Zittern in den Beinen und den Händen und sogar manchmal auch der Kopf, aber es geht auch wieder weg. Das war gemein, aber sie hat sich entschuldigt. Das war auch nötig, so frech, das gehört sich nicht. Wir sind doch nicht zusammen in die Schule gegangen, dass sie so mit mir sprechen darf. *„Herr B., ich schmiere Ihnen das Brötchen. Sie haben ja die Gabel in der Hand, damit klappt das nicht, so bekommen Sie keine Butter aufs Brötchen und Sie zittern. Ich mache das gerne."* … „Na gut, die sagt, ich kann es nicht, dann lass ich sie das mal machen. Ich bezahle schließlich für den Aufenthalt hier genug, da kann die mir auch helfen, anstatt rum zu stehen." … *„Schon wieder Herr B., Sie haben den Kaffee wieder auf ihr Hemd ausgegossen." Ich war das nicht, ich habe getrunken und dann … oh je, das war ich doch. Darf ich Ihnen das Frühstück anreichen? Heute geht es Ihnen nicht so gut, morgen geht es dann wieder alleine."* … „Ja danke." Ach, die sitzt sowieso nur rum und quatscht, da kann sie mir auch helfen. Ich versuche mich heute zu bewegen, aber meine Arme sind wie an meinem Körper angewachsen und wollen nicht hoch. Wieso? Ich kann nichts tun. Sie redet und ich höre sie, aber ich antworte doch und sie fragt mich immer wieder dasselbe. Warum ich nichts sage? Ist die taub oder ich? Aber was ist los? Ich kriege kein Wort heraus. Ich kann nicht. Ich habe heute das Gefühl, in Watte eingepackt zu sein oder in einen Kokon. Ich komme da nicht heraus. Ich möchte mich bewegen, aber es geht nicht. Ich kann nichts sagen, obwohl ich es möchte, aber mein ganzer Körper zittert und ich habe mich einfach nicht unter Kontrolle. Ich habe das Gefühl, mich nicht bewegen zu können. Die Frau sagt, es wird gleich wieder und sie hat Recht, es geht wieder. Schau, ich kann mit der Gabel wieder mein Brötchenhäppchen essen. Ich sagte doch, ich kann es alleine. Siehst du, ich kann mir sogar Kaffee einschenken und ich habe nicht gekleckert. Der, der da neben mir sitzt, ist ein alter Nachbar, der war immer eifersüchtig auf mich. Das war er schon immer. Der möchte, dass ich nach seiner Pfeife tanze, aber ich tue das nicht. Der kann erst mal schauen, wie er selber isst, der kleckert nämlich auch.

„Oh, das ist schön. Sehen Sie, das Zittern ist vorbei. Jetzt geht es wieder, essen Sie ruhig weiter, wenn Sie Hilfe brauchen, helfe ich Ihnen gerne wieder weiter."

Das ist ein schweres Bild, nicht wahr? Es ist schwer zuzusehen und schwer zu akzeptieren. Fühlen Sie sich in die Situation hinein und versuchen Sie immer erst durchzuatmen, dann finden Sie schon den richtigen Weg. Und wenn nicht, fragen Sie das Personal, fragen Sie die Kräfte, was Sie Ihnen raten. Fragen kostet nichts und Sie werden vielleicht etwas lernen, was Ihnen hilft. Manchmal brauchen wir auch als Angehörige tröstende Worte und einen Schubs. Jemanden, der uns ehrlich sagt: „Entschuldigung, aber es geht nicht um Sie."

Ganz leise: „Haaaallloooo! Haaaalloooo!" *Fr. G. sitzt im Sessel und kann sich nicht viel rühren, sie redet nur ganz selten, aber lächelt oft und streichelt meine Hand. Ihre Tochter kommt jeden Tag und liest ihr was vor oder sie schauen nur gemeinsam aus dem Fenster oder in ein Gartenbuch. Jetzt zeigt sie aus dem Fenster, sie hat ihre Tochter im Garten erkannt. Wenn das Wetter es erlaubt, gehen sie spazieren. Lange spazieren, dann zeigt ihre Tochter ihr jede Blume im Garten und ihre Mutter lächelt ganz entzückt. Ein schönes, liebevolles Bild, wenn ich manchmal aus dem Fenster des Wohnbereichs schaue und sie beide beobachte. Wenige Menschen kümmern sich um einen Mitmenschen so liebevoll. Meist geht der Angehörige nach 3, 4 Minuten, weil die Mutter oder der Vater nicht spricht und sie fühlen sich überfordert. Sie gehen aus dieser Situation heraus in ihre Familien, wo die Menschen miteinander reden, wo das Elend einen nicht so ansieht. Wo man es äußert, wenn man etwas braucht, wo man nicht erraten muss, was der Mensch gegenüber möchte oder braucht. Manche können es einfach nicht ertragen. Aber diese Frau bekommt viel Liebe, die sie sichtlich genießt. Die Tochter fragt uns oft, ob ihre Mutter wirklich etwas mitbekommt und wir sagen: „Schauen Sie in ihr Gesicht, wenn Sie kommen, strahlt sie, sie strahlt Freude aus und das ist doch ein schönes Geschenk, oder nicht?" „Ja, das ist es. Es ist schön, wenn Mutti lächelt, sie hat immer gelächelt, sie war so wundervoll. Sie hat meine Kinder großgezogen und mir, als mein Mann starb, immer geholfen. Sie hat sich nie beschwert, immer war sie da für mich. Ich brauchte nie auch nur ein Wort zu sagen, Mutti war immer da für uns." „Und jetzt sind Sie da". „Da schauen Sie, wie sie strahlt, sie hat Sie gesehen."*

„Oh, mein Kind ist da. Sie ist so alt geworden, ich möchte Dir so viel sagen, in meinem Kopf ist so viel, was ich Dir sagen will, aber es findet den Weg aus meinem Mund nicht heraus. Ich möchte so gerne, ich möchte Dir so gerne sagen, wie lieb ich Dich habe und dass Du das größte Geschenk in meinem Leben bist. … Ich habe alles in meinem Kopf, aber … es will da einfach nicht raus … Es tut mir so leid … Ich nehme Deine Hand und

Du hältst meine. Ohhhh, wie schön … Manchmal glaube ich, Du kannst fühlen, was ich denke, ich möchte Dich umarmen und küssen und Du umarmst mich und küsst mich … ich möchte Dir so gerne sagen, wie lieb ich Dich habe … und Du sagst es mir. … Ich möchte Dich drücken und Du drückst mich. … Ich möchte Dir so gerne aus dem Garten ein paar Blumen schenken, ich weiß, wie sehr Du sie liebst und Du bringst mir Blumen aus Deinem Garten. Der Herr erhört mich auf andere Weise und das ist schön. … Ich danke Dir für all das Gute, dass Du mir gibst. … *Ist das nicht wunderschön, wünschen wir uns nicht alle dieses Gefühl, geliebt zu werden? Diese tolle Frau hat ihr Leben lang Liebe gegeben und heute erhält sie bedingungslose Liebe von ihren Lieben zurück. Das ist wirklich selten und etwas ganz Besonderes. Was Sie* daraus lernen, ist ganz Ihnen überlassen, es soll hier nicht als Vorwurf dienen. Das Recht habe ich nicht, aber vielleicht sollten wir unsere Eltern gut kennenlernen, solange wir es können, um schöne und liebevolle Momente für später schaffen zu können. Oft ist es so, dass man nicht viel Zeit hat, man hastet von einem Tag in den nächsten. Von der Arbeit nach Hause zu den Kindern, vielleicht kurz bei den Eltern vorbei, kurz „Hallo" sagen und dann auf einmal sind die Eltern alt und man weiß nicht, was man erzählen soll. Worüber man sprechen soll. Kreieren Sie ganz bewusst gemeinsame Momente und schaffen Sie sich Zeit, versuchen Sie so viel Zeit frei zu schaufeln, wie Sie nur können. Glauben Sie mir, es lohnt sich. Im Mentaltraining habe ich eine Übung gefunden, die mir immer wieder hilft, die Uhr anzuhalten. Wenn ich merke, wie hastig und stressig alles ist, ich von einem Termin zum anderen haste und mir die Zeit davon rinnt und ich gar nicht merke, wie schnell ich atme, dann stelle ich mir ein Stoppschild vor. Ja „Stopp" und ich sehe dieses rote Zeichen mahnend vor mir und laufe langsamer. Das funktioniert eine ganze Weile, bis ich über das nächste Stoppschild stolpere, aber es funktioniert immer. Vielleicht kann ich Sie ja heute stoppen.

In meiner Zeit in Hannover traf ich Fr. J., sie war schon 98 Jahre alt, geistig fit, körperlich etwas eingeschränkt, sie ruht sich über Tag viel in ihrer Wohnung aus. Ich schaue nur nach ihr. „Fr. J., *warum sind Sie heute so traurig, Sie essen gar nichts. Sie sehen sooo traurig aus, kann ich Ihnen helfen?"* „Mädchen, setz Dich mal zu mir, siehst Du die Bilder da an der Wand? Ich habe es hier sehr schön, ich habe eine niedliche Wohnung, ganz gemütlich, finde ich jedenfalls. Aber siehst du die Menschen auf den Bildern?" *„Ja Frau J., ich habe mich immer gefragt, wer sie alle sind, aber ich habe mich nie getraut zu fragen.* „Das ist meine Familie. Meine Mutter, meine Geschwister, meine Kinder und auch meine Nichten und Neffen." *„Oh, es sind wirklich schöne Bilder." Kinder? Ich wusste gar nicht, dass sie Kinder hat.* „Ja Mädchen, das ist meine ganze Familie." *Ich schaue auf diese Bilder, viele in Schwarz-weiß. Viele Menschen sind auf diesen Bildern, aber ich habe nie Besuch gesehen. Nie hat sie von Besuch erzählt und nie von Kindern. Sie lächelt immer und lacht auch viel mit mir. Sie macht oft Scherze, worüber wir oft schallend lachen. Aber nie hat sie über Besuch gesprochen oder ihre Familie.* „Weißt du Mädchen, sie sind alle tot, keiner ist mehr da, ich habe alle überlebt und bin ganz alleine auf der Welt. Eine Mutter sollte ihre Kinder nie überleben." *Tränen laufen über ihre Wangen und über meine. Ich halte ihre Hand und sie erzählt noch lange, was mit ihrer Familie geschehen ist. Wie ihre Kinder starben, 5 Jungen, alle tot. Sie war die letzte auf meiner Haustour, deswegen konnte ich mir Zeit nehmen. Sie erzählte und erzählte und ich hörte über Stunden einfach zu. Ich habe nicht auf die Uhr geachtet, lange hat sie einfach nur erzählt und meine Hand gehalten und gemeinsam haben wir so manche Träne vergossen. Als ich nach Hause ging, war sie wieder wie immer, lächelnd und Spaß machend.* „Danke Mädchen, ich danke dir sehr dafür, dass du da warst." *Aber ich war seitdem nicht mehr dieselbe. Ich habe ein Stück meiner Leichtigkeit, ein Stück meines Wagemutes verloren und achte nun mehr darauf, was ich mir wie wünsche. Ich wünsche mir nicht mehr einfach so etwas. Zum Beispiel, dass ich alt werden möchte, denn Wünsche, ja Wünsche gehen manchmal in Erfüllung. Alt sein bedeutet manchmal allein sein und doch, wenn es soweit ist, tröstet es mich, zum einen schöne Erinnerungen zu haben, von denen ich zehren kann. Zum anderen, und das ist sicherlich das Wichtigste, dass es vielleicht irgendwo einen Menschen gibt, der meine Seele auffängt und ein wenig Zeit hat für mich und meine Gedanken. Jemanden, der sich meine Geschichten anhört. Wie ist es mit Ihnen nehmen Sie sich Dir wirklich Zeit zu lauschen?*

Seit einem Jahr gehe ich in dieses Haus. Hier wohnen in mehreren Stockwerken alte Menschen. Ich pflege eine alte Dame und ich habe jedes Mal das Gefühl, mein Herz stockt, wenn ich diese Wohnung betrete. Ich atme auf, wenn ich wieder zur Tür hinauskomme. Die alte Dame ist ganz lieb, sie ist sehr freundlich und wirklich elegant. Sie muss früher mal eine sehr elegante

Frau gewesen sein. Sie ist sehr gebildet. Und trotz ihres hohen Alters, 90, geistig sehr fit. Sie lebt mit ihrem Mann, der schon ganz langsam läuft, wie man sich soeben ein altes Hutzelpaar vorstellt. Voller Liebe besprechen sie alles gemeinsam und es ist schön, ihnen zuhören zu dürfen. So manches Paar könnte sich eine Scheibe abschneiden von diesen beiden alten Menschen. Und doch ist da dieses zugeschnürte Gefühl jedes Mal, wenn ich diese Wohnung betrete. Ich glaube, es ist dieses Bild über dem Bett. Ich kann es einfach nicht erklären, so ein Quatsch, sage ich mir immer wieder und doch es ist seltsam bedrückend. Wenn ich das Bett gemacht habe, bin ich froh, das Schlafzimmer schnell verlassen zu dürfen. Warum sollte ich heute erfahren, ich habe so etwas nur in Horrorfilmen gesehen und ich dachte nicht, dass mir in der Realität jemals so etwas begegnen könnte. Ihr Mann liegt heute krank im Bett und ich helfe ihm, versorge ihn und ich kann kaum in diesem Zimmer verweilen. Ich habe das Gefühl, ich bekomme keine Luft, als würde mir etwas die Kehle zuschnüren, aber ich muss. Die alte Dame bemerkte es irgendwie, sie sagte zu mir: „Was hast du Mädchen?" *Ich druckste eine ganze Weile herum und dann erzähle ich ihr von diesem Gefühl und dass ich die beiden sehr gern habe. Dass es nichts mit ihnen zu tun hat, aber ich kann dieses Gefühl nicht loswerden. Obwohl ich wegen der Menschen sehr gerne komme und mir immer wieder sage, dass ich verrückt bin, schäme ich mich für dieses Gefühl, weil sie so lieb zu mir sind.* Dann erzählt die Dame: „Weißt du das auf dem Gemälde ist mein Baby, ich halte es in meinem Arm." Ich sage: *„Ja, das habe ich mir gedacht,"* „Es wurde gemalt von meiner Nachbarin, im Krieg hat sie damals eine Skizzenzeichnung gemacht und später habe ich es als Gemälde malen lassen. Auf ihr

71

letztes Blatt Papier, das sie hatte, hat sie mich und mein Baby gemalt. Weißt du, ich konnte nichts zu essen kaufen für mich und ich hatte daher wohl auch keine Milch. Ich hatte nichts." ... *Mein Hals schnürte sich immer mehr zu. Ich höre gespannt zu und konnte nicht glauben, was ich hörte.* „Mein Baby starb, ich hatte nichts von meinem Baby, nur eine Erinnerung. Es starb und ich hatte nichts. Meine Nachbarin hat mir dieses Bild gemalt, ich habe den ganzen Tag mein Baby im Arm gehalten und sie hat es gemalt. Auf dem Bild ist mein totes Baby. Erst als das Bild fertig war, habe ich mein Baby begraben können." *„Oh mein Gott, ich hatte die Hand vor meinen Mund genommen und war geschockt. Ich dachte, mein Kopf explodiert, wie kann man so etwas ertragen, wie kann man so alt werden und so etwas Furchtbares überwinden.* „Weißt du, es tröstet mich, denn sonst hätte ich gar nichts außer der Angst, dass ich das Gesicht meines Babys vergessen könnte. Mein Mann kam viele Jahre später aus dem Krieg zurück und ich war dankbar dafür. Als er eingezogen worden ist, war ich schwanger, er wusste nichts von dem Baby. Ich habe ihm das Bild damals gezeigt und erzählt, wie es zustande kam und er hat lange geweint. Er war trotzdem froh, das Baby sehen zu dürfen, unser Baby, das er nie leibhaftig gesehen hatte." *Ich saß da, überwältigt von meinen Gefühlen. Ich konnte in mir den Schmerz, den ich spürte, kaum ertragen. Diese Trauer, dieses Leid und doch war es, als wäre eine Last von mir gerutscht. Ich habe all die Jahre dieses Gefühl gehabt und gedacht, ich bilde mir das alles ein, und habe mich immer dafür geschämt. Nun dies. Ja, nun verstehe ich. Es war das tote Baby in ihrem Arm, dieses Gesicht. Ich konnte wohl* *irgendwie erkennen, dass es tot war, aber es war unvorstellbar und damit konnte es doch nicht real sein. Aber nun konnte ich es verstehen, nicht gutheißen, aber auch nicht verurteilen. Ich muss mich wundern, was Wunderbares unser Geist vermag. Er kann solch ein Grauen überwinden und wundervolle Menschen trotz alledem hervorbringen. Was ist der Geist doch sonderbar …*

Ich arbeite hier in einer schönen Einrichtung, sehr hübsch und wohnlich, ca. 8 alte Menschen wohnen hier zusammen wie eine kleine Familie. Die Mahlzeiten nehmen alle gemeinsam an einem langen Tisch ein und die Pflegerinnen sitzen gemeinsam mit den Bewohnern am Tisch und alle essen gemeinsam. Jetzt hole ich erst mal alle zu den Mahlzeiten. „Hallo Fr. G., es gibt Mittagessen, kommen Sie, ich zeige Ihnen Ihren Platz und dann essen wir gemeinsam. Es duftet schon herrlich, es gibt Kartoffeln mit Möhren und Hähnchenfleisch." *Die da, die kenne ich nicht. Wer ist das? Oh Gott, die will mich mitnehmen. Wohin? Was will die von mir? Ich nehme ihre Hand und begleite die Dame zum Tisch. Hilfe, die hält mich fest, die zieht mich mit.* „Ich habe keinen Hunger." … „Sie müssen was essen, Ihre Tochter hat es schon bezahlt. „Meine Tochter?" … „Ja, Susanne hat alles schon bezahlt" … *Sie kennt Susanne … Aber ist mir egal, ich will nicht, ich kenne diese Frau nicht. Oh je, so viele Menschen. Hilfe, ich will hier nicht bleiben. Weg, bloß schnell weg von denen.* … „Sie dürfen sich schon auf Ihren Platz setzen, gleich gibts Mittagessen." *Puh, endlich ist die weg. … Jetzt gehe ich nach Hause … Hier ist das aber groß … Ich habe Angst … Ich kenne hier keinen, so viele fremde Menschen, ich will hier weg. … Oh, die Treppe und die Tür, hier kann ich raus, endlich nach Hause …*

„Halt Fr. G., wo wollen Sie denn hin? Das Essen ist auf dem Tisch und außerdem hat sich Lisa so viel Mühe mit dem Mittagessen gemacht, Sie könnten doch wenigstens probieren." … „Ich will nur nach Hause." „Sie sind hier zu Hause." … So ein Quatsch, die lügt, ich kenne hier niemanden … Ich will hier weg. „Fr. G., bleiben Sie bitte sitzen, ich hole die anderen noch zum Essen, bin sofort wieder da." Oh Gott, noch mehr Leute, die spinnen wohl, ich bin aber gleich weg, na warte. … Jetzt gehe ich weg … Endlich da die Tür, da komme ich jetzt raus, schnell, schnell bevor die mich wieder holt. Ich gehe nach Hause, hier gefällt es mir nicht. „Wo ist Frau G., sie sollte doch sitzen bleiben. Wo ist sie nur hin?" … Keiner weiß, wo Frau G. ist … Jedes Zimmer wird gründlich abgesucht, sie ist hier nicht, sie ist nirgends zu finden. Sie muss raus gegangen sein. Hoffentlich passiert ihr nichts. … Oh … jetzt bin ich auf der Straße, da gehts lang, schnell nach Hause … Oh, ich glaube, ich bin falsch … doch da lang … Die haben die Straßen umgebaut, einfach weiter, ich finde den Weg schon … ich … ich … ich habe Angst. Wo bin ich? Ich will nach Hause, bitte, ich will nach Hause …

Nach ca. 30 Min. Absuchen des gesamten Hauses sind wir alle Zimmer nochmals durchgegangen, Wäscheräume, Umkleideräume, den Putzmittelraum und die Toiletten, nichts. Fr. G. ist nicht zu finden, das Personal sucht auf der Straße, sie ist nicht auffindbar. Die Polizei wird eingeschaltet und Hubschrauber mit Wärmebildkamera suchen die Gegend ab. Nach ca. 2 Stunden finden sie Fr. G. in einem Garten auf einer Bank sitzend, 500 Meter vom Heim entfernt. Verängstigt und total erschöpft wird Frau G. wieder auf ihr Zimmer gebracht. Dann sagt sie, ihr Zimmer betretend und seufzend: „Gott sei Dank, ich bin endlich wieder zu Hause." *Es gibt jetzt welche von Ihnen, die sagen, das hätte die Pflegerin wissen müssen. Oder warum ist die Tür überhaupt offen? Es gibt Gott sei Dank auch für diese Menschen ein Gesetz, das sie vor Freiheitsberaubung bewahrt. Man darf keinen Menschen einsperren oder festhalten oder festbinden, auch wenn es für uns bequemer und sicherlich viel einfacher wäre. Jetzt kommen Ihrerseits die Einwände. Aber man möchte die Menschen doch nur beschützen. Geht Ihnen das nicht gerade durch den Kopf? Beschützen? Wen beschützen Sie auf diese Weise? Den Menschen, der davonlaufen möchte oder beschützen Sie sich vielleicht doch selbst vor Unannehmlichkeiten und Diskussionen mit diesem alten Menschen. So nach dem Motto: „Die Tür ist zu, sie kann nicht raus und ich kann in Ruhe meine Arbeit machen?" Na? Also, wen würden Sie dann wirklich beschützen? Oder mal anders: Fragen Sie sich mal, was das für ein Gefühl für Sie wäre?*

Demenz bewahrt die Menschen leider nicht vor Angst. Und was ist, wenn Ihre Mutter aus dem Fenster springt, weil Sie sie eingesperrt haben und sie Panik bekam, man hätte sie eingesperrt. Diese Menschen vergessen viel, aber das Gefühl, nach Hause zu gehen, scheint den Menschen ein ureigenes Gefühl zu sein, welches sie antreibt. Die Fragen „Wo bin ich? Warum bin ich alleine?" sind für jeden von uns beängstigend. Aber wenn man vor einer verschlossenen Tür steht, eingesperrt und isoliert, das muss einen Menschen in den Wahnsinn treiben. Ich sitze gerade hier zu einer Zeit, in der weltweit eine Krise ausgebrochen ist. Der Corona-Virus ist in aller Munde. Viele dürfen ihre Wohnungen nur verlassen, um das Nötigste zu besorgen. Und viele erzählen, sie fühlen sich eingesperrt und haben das Gefühl zu ersticken. Viele haben in ihrer eigenen Wohnung mit ihren geliebten Menschen eingesperrt, trotzdem das Gefühl, es überkommt sie ab und an die Panik. Ich höre oft erwachsene Menschen sagen, sie hätten das Gefühl, sie würden verrückt werden. Jetzt können wir ein klein wenig verstehen, was es für ein Gefühl ist, eingesperrt zu sein –, auch wenn es zu unserem eigenen Schutz ist, ist es immer noch furchtbar.

Vor vielen Jahren mussten wir im Rahmen des Psychologiekurses an der Universität einen Versuch machen. Es wurden uns die Augen verbunden und man musste eine kurze Weile, also blind, sich einer Person anvertrauen. Diese Person hat einen dann zum Beispiel über die Straße und an einer befahrenen Straße lang geführt. Ich kann mich daran erinnern, was für eine Panik mich überkam. Wie unsagbar ängstlich ich war und ich kannte diese Person, die mich geführt hat, ich hatte sie ausgewählt, und doch hatte ich Angst. Auch diese Menschen fühlen sich oft blind und fremd. Blind, weil sie die Umgebung, in der sie sich momentan befinden, nicht kennen. Sie kommen sich gänzlich fremd vor und einsam. Es gibt leider auch nicht die Alternative, wovon viele Menschen allerdings versuchen, diesen Menschen zu überzeugen, also wie man so schön sagt, totzureden oder zu überrumpeln. Das funktioniert leider meist nicht, da der Mensch sich sprichwörtlich zurückzieht, in seinem Kokon versteckt. Oft sind die Augen dann gar nicht anwesend, sie reagieren einfach gar nicht mehr. Ganz so, als ob Ihnen ein Mensch immer und immer wieder dasselbe sagt und Sie einfach nicht mehr zuhören. Sie sind anwesend, aber Sie hören das, was derjenige sagt, nicht mehr. Auch Sie haben dann ebenfalls Ihre Ohren auf Durchzug gestellt. Manchmal denkt man sogar noch „Ach, lass die doch quatschen, ich mache doch das, was ich denke." Geht es uns nicht auch manchmal so, dass wir genauso auf „Durchzug stellen". Aber diese ursprüngliche Idee fortzulaufen heute sagt man hinlaufen, schwirrt noch im Geiste herum. Hinlauftendenz, weil sie zu ihrem Zuhause hinlaufen wollen. Manchmal bleibt einem nichts anderes übrig, als es so anzunehmen, wie es ist, und da zu sein, wenn dieser Mensch jemanden braucht. Manchmal kann man die Situation beschwichtigen und sagen, dass es gerade regnet oder kalt ist oder dass man sie später mit dem Auto nach Hause fahren würde, wenn man seine Arbeit erledigt hätte. Oder dass die Kinder sie heute Nachmittag nach der Arbeit auf dem Weg nach Hause abholen. Heute gibt es tolle Einrichtungen, in denen das Betreuungspersonal mit dieser Dame dann draußen spazieren gehen würde. Nach einer Weile kommen sie ganz gelassen wieder zurück. Denn eines sollte Ihnen bewusst sein: Manchmal, ja, manchmal ist es, wie es ist, da möchte dieser Mensch eben jetzt hinaus und nach Hause.

Meiner Kollegin ist Folgendes passiert:
Fr. S. lautes Geschrei war im Flur des Altenheimes zu hören: „ …Hilfe … Hilfe … Hilfe" (Ich liege hier und kann nicht aus dem Bett, da … da … da sind Mäuse, so viele Mäuse) „Hilfe, Hiiilfe. iiiiih, die laufen hier rum über die Gardinenstange … Oohh, ohhh, gleich sind sie auch in meinem Bett Hiiiiiilfe" … *„Was ist Frau S. … was schreien Sie so, die anderen schlafen …"*
„Die Mäuse, die Mäuse, Hilfe …" Wo … Was für Mäuse? Hier, da … so viele hiiilfe hilfe" … *„Hier sind keine Mäuse … Ich sehe keine …"* (Ist die blöde? Hier ist alles voll, die krabbeln überall rum und die sieht die nicht, ist die bescheuert oder was? Blind, die Jugend ist blind …)

„Na, da in meinem Bett, auf der Gardinenstange, soooo viele, bitte, ich muss hier raus." … *„Nein, es ist bereits so spät, Sie können nicht raus, ich habe noch andere Bewohner zu versorgen. Hier sind keine Mäuse, vertrauen Sie mir, versuchen Sie zu schlafen … es ist alles gut."*

Sie ist verrückt, ich liege hier im Bett mit so vielen Mäusen und sie geht einfach … „Hiiilfe … Hiiilfe …"

Meine Kollegin macht die Tür zu und beim Hinausgehen sagt sie: „Beruhigen Sie sich, es ist hier keine Maus drin, es ist alles gut."

Die sagt, es ist alles gut, die Mäuse sind in meinem Bett und knabbern an mir … Hiiillfe, au-au-au, die beißen mich, Hilfe … Warum hilft mir denn keiner? …

1 Stunde später, meine Kollegin hat das Nötigste erledigt und möchte nach Frau S. schauen. Im Flur war seit dem Vorfall nichts mehr zu hören. Die Kollegin kommt in das Zimmer und findet Fr. S. mit schreckgeweiteten Augen in einer Ecke ihres Bettes, blass und zitternd, Schweißperlen laufen ihr Gesicht herunter. Fr. S. ruft ganz leise kaum hörbar „Hiiilfe, hiiilfe". Sie berührt sie sanft, streichelt ihre Hand und fragt sie, was los sei, und sie sagt: „Die Mäuse, sie fressen mich überall, sie nagen an meinen Beinen, sehen Sie die nicht?"

Sie hat keine Lösung, aber sie braucht eine und zwar schnell, dann fällt es ihr ein. Warum ist sie nicht früher drauf gekommen, diese Frau hat die Hölle durchgemacht und ihr fällt erst jetzt was ein. Manchmal stehen wir sprichwörtlich auf dem Schlauch, weil was wir sehen oder sehen sollen, so ungeheuerlich ist, dass uns einfach nichts einfallen möchte. „Fr. S., Moment, ich helfe Ihnen sofort … einen kleinen Moment." Sie holt in gespielter Panik aus der Küche einen Besen, macht das Fenster auf und fegt von der Gardinenstange und aus ihrem Bett die Mäuse und dann aus dem Fenster. Mit wehenden, gestikulierenden Händen verscheucht sie die vielen Mäuse ... Das Gesicht entspannt sich. Mit einer gespielt hektischen Geste macht sie das Fenster ganz schnell zu und sagt: „Ihr Scheißviecher kriegt sie nicht" ... Sie streichelt ihr die Wange und holt aus dem Bad eine Körperlotion. Sanft reibt sie ihr die Beine ein und sagt ihr, dass die Wunden ganz schnell verheilen werden und entschuldigt sich dafür, dass sie zuvor die vielen Mäuse nicht gesehen hat. Fr. S. schläft dann ganz ruhig und völlig erschöpft ein ... Morgens sind die Mäuse vergessen und Frau S. ist klar und lieb und orientiert, sie weiß nichts mehr von der Nacht, nichts mehr von den Mäusen. Würde sie darauf angesprochen werden, würde sie behaupten, alle seinen total verrückt und ein Fall für die Psychiatrie. Denn mal ganz im Ernst, wer Mäuse sieht, muss doch in eine Zwangsjacke eingesperrt werden. ... Oder?

„Es ist sauber genug, um darin zu wohnen und schmutzig genug, um sich darin wohlzufühlen" Kennen Sie diesen Ausspruch? Eine alte Dame in der ambulanten Pflege hatte diesen Spruch an ihrer Haustür stehen. Wir hatten eine ambulante Pflege sowie ein Altenheim, indem das Personal im Wechsel mal im Heim und mal ambulant unterwegs war. Es war eine dickliche, kleine alte Dame, sie wohnte in einer dieser Altenwohnungen, wo man keinen Fahrstuhl hatte, fragen sie mich nicht warum. Das war wie ein zweistöckiger, ganz langer Wohnblock, wo nur alte Menschen wohnten, und vor allem abgelegen. Die Bewohner mussten ein Taxi nehmen, um einzukaufen. Was das sollte, habe ich heute noch nicht verstanden. Ganz kleine Wohnungen, man kam sich vor wie in einer Puppenstube. Man kam in einen *sehr schmalen Flur, links war eine kleine Küche, also eigentlich eine Küchenzeile ohne Tisch. Gleich rechts von der Eingangstür war ein klitzekleines Bad. Das man eigentlich nur rückwärts rein und vorwärts raus betreten konnte. Viel mehr Platz war da nicht, das Waschen war dort ein Abenteuer wie in Gullivers Reisen. Dann ging man gerade aus auf ein vielleicht noch nicht mal 9 Quadratmeter großes Zimmer zu, worin ein runder Tisch mit 4 Stühlen und in einer Nische mit einem Vorhang versehen, ein Bett stand. Ich weiß noch, wie erschrocken ich war, dass ein Mensch in so einem kleinen Loch leben kann. Den Rollator konnte man ins Bad gar nicht mitnehmen, na ja, wirklich umfallen konnte man dort auch nicht. Dass man alten Menschen so etwas bietet. Menschen, die so viel in unserer Gesellschaft geleistet haben, das ist doch erbärmlich. Heute bin ich froh, in einer Einrichtung arbeiten zu dürfen, wo geräumige Zimmer sind und Bewohner ihre eigenen Möbel wie Sofa und ein Paar Schränke mitbringen dürfen. Ich freue mich, dass es einige Einrichtungen gibt, die erkannt haben, dass diese alten Menschen sich wohlfühlen sollten, um dann mit Freude in ihr Zimmer oder Apartment zurückgehen und sich dort auch erholen zu können. Eben weil sie ein kleines Stück Zuhause gefunden haben auf ihrem letzten Weg. Denn wenn wir darüber nachdenken, ist das Heim der letzte Weg und der letzte Aufenthalt. Der letzte Lebensabschnitt, der so schön wie möglich sein und an ein Zuhause erinnern sollte und nicht an eine kleine Rumpelkammer auf 9 qm, was leider immer noch viele Heime haben. Aber das ist ein anderes Thema, zurück zu unserer Dame. Das Erstaunliche war: Sie hatte keinen Fernseher. Sie hatte die Wände, die nicht belegt waren, mit Bücherregalen voll, die bis zur Decke reichten. Und wissen Sie was, sie hatte sie alle gelesen und konnte aus* allen zitieren und erzählen. Eine unglaubliche Frau, sie war unglaublich intelligent, sie drückte sich vornehm aus und hatte sehr gute, gepflegte Manieren, sofern man das über eine alte Dame sagen darf. Vielleicht würde man sagen, hochnäsig –, nein, nicht hochnäsig, das war sie wirklich nicht, nein. Sie war wirklich gebildet. Im Gespräch erfuhr ich, dass sie Kindergärtnerin war, was vieles erklärte. Sie war ganz alleine auf der Welt. Sie hatte ihren Mann und Sohn im Krieg verloren und wollte nie wieder heiraten. Viele Monate ging ich zu dieser Frau, machte ihr das Frühstück und stellte es ihr auf den Tisch, nachdem ich sie in der Körperpflege unterstützt hatte. Dabei blieb die Badezimmertür offen, denn sonst hätten wir beide nicht reingepasst, und ich war auch nicht wirklich im Badezimmer, sondern mehr im Flur. Natürlich kann man sagen, was war die Frau auch so dick, aber mal ganz ehrlich, wen geht das was an? Schon mal was von Seelenfutter gehört? Was wissen Sie schon, was dieser Mensch alles schlucken musste. Vielleicht dient hier das Wort „Seelenfutter" als Metapher für das „Futtern". Diese alte Dame war sehr lieb, aber man merkte ihr an, dass ihr Körper sie immer mehr gefangen nahm. Von Mal zu Mal konnte man immer mehr merken, dass sie trotz der kleinen Wohnung nichts mehr konnte. Und wenn man allein ist, habe ich festgestellt, dauert es sehr lange, bis die Behörden sich eines Menschen annehmen und ihn auffangen. So viel Wissensschatz sie auch hatte, war sie nun nicht mehr in der Lage, das Nötigste zu schaffen. Sie kam nach längerem Hin und Her in unser Heim. Das Zimmer war größer als ihre gesamte Wohnung. Es gibt wirklich schöne Einrichtungen, es lohnt sich, sich einmal genauer umzuschauen. Kein Mensch verdient es, in einem sprichwörtlichen Loch zu wohnen. Na ja. Sie hatte ihre geliebten Bücher mitnehmen dürfen und diese zierten *ihre Wände. Jeden Tag nahm sie Mahlzeiten mit den anderen Bewohnern gemeinsam ein und man konnte sehen, wie sie immer mehr aus sich herauskam. Wie sie Freude empfand, andere Menschen zu treffen und sich mit diesen zu unterhalten und von ihren Reisen und Abenteuern zu erzählen. Nach einer ganzen Weile verlor sie den Schleier der Einsamkeit und Mut hatte sie gepackt, sie konnte wieder am Rollator laufen. Heute glaube ich, sie wollte sterben, ihr Körper hatte sich darauf eingestellt vor Einsamkeit einfach loszulassen. Ihr Körper wollte sie nicht mehr tragen, weil die Last und die Wehmut so schwer waren, und so sank sie sprichwörtlich zusammen. Der Körper hatte aufgegeben und nun in der Gesellschaft blühte sie wie eine Blume auf, das Lachen hallte durch die Räume. Auch die anderen Mitbewohner waren glücklich, denn sie erzählte von vielen schönen Reisen, die sie gemacht hatte und vielen Orten, welche sie nur in ihren Büchern bereist hatte. Sie beschrieb alle Orte mit einer Bildhaftigkeit, dass es eine Freude war, ihr zuzuhören und man konnte sich die schönen Orte vorstellen. Ja, es war auch ein Urlaub für die Mitmenschen um sie herum – immer, wenn sie davon erzählte. Wissen Sie, ich hätte manche Orte nie kennengelernt, wenn diese alte Dame nicht gewesen wäre. Das ist auch eine Art zu verreisen und wie ich finde keine schlechte. Immer wieder musste ich darüber nachdenken, wie viele von diesen alten Menschen in diesem Altenwohnblock wohnten und alleine waren, nicht mehr in der Lage, die Treppen zu laufen und sich selbst zu versorgen. Und in ihren furchtbaren winzigen Wohnungen jämmerlich eingingen, wie sie einfach abgestellt wurden. Und deren Tür verschlossen blieb, keiner, der Hilfe anbot, keiner, der schaut und keiner, der zuhört. Alle schauen weg. Ich bitte Sie, laufen Sie mit offenen Augen durchs Leben, schauen*

Sie um sich. Schauen Sie wirklich nicht einfach nur oberflächlich und nur abwertend. Wissen Sie, wo in Ihrer Gegend alte Menschen wohnen? Schauen Sie? Grüßen Sie? Bleiben Sie stehen? Fragen Sie, wie es denen geht? Trinken Sie mit ihnen eine Tasse Tee? Nein! Dann vielleicht jetzt. Wenn ich bedenke, wie oft in den Zeitungen steht, dass ein alter Mensch nach Wochen tot aufgefunden wird. Wie furchtbar, dass keinem auffällt, dass diese Menschen fehlen. Bedenken Sie, wie würden Sie sich fühlen, wenn Sie ganz alleine und verlassen wären? Denn jeder von diesen Menschen hat eine wundervolle Seele, und auch wenn sie alt sind, schlummert ein immenses Wissen in jedem von ihnen, das sie uns vermitteln können. Und wenn es nur die Erkenntnis ist, dass jeder Mensch etwas ganz Besonderes ist. So ist dies doch eine unglaublich schöne Erkenntnis, ein wahrer Schatz. Vielleicht der einzige Schatz, den wir je erlangen werden.

Ich besuche eine alte Dame, die in einer sehr kleinen 2-Zimmerwohnung wohnte. Sie war gestürzt und konnte schon seit einigen Monaten ihr Bett nicht verlassen. Ich habe nach ihr gesehen und sie bat mich, ihr etwas zu essen zu machen. Dafür sollte ich in die Küche gehen und aus ihrem Schrank eine Dose aufmachen und diese erwärmen. Bohnen mit Fleisch. So etwas hatte ich noch nie gesehen: In der Küche waren die ganzen Schränke voll von Dosen, nur Dosen in jedem Schrank, nur Dosen. Die Etiketten der Dosen kannte ich nicht, diese Firmen waren mir gänzlich unbekannt und sie sahen wirklich sehr alt aus. „Sie haben aber viele Dosen." „Ja Mädchen, ich hatte vor 30 Jahren ein Lebensmittelgeschäft, ich habe die Dosen damals alle mitgenommen." „Wie bitte?" Ich schaute mir die Dosen genauer an und sie waren schon vor über 25 Jahren abgelaufen.

„Die sind ja alle abgelaufen, das kann man nicht mehr essen."
„Natürlich kann man das Essen, Mädchen, das habe ich ja immer getan." „Aber die Schränke sind noch voll, wann haben Sie die gegessen?" Da schien keine einzige Dose zu fehlen, immer noch aufgestapelt in Reih und Glied. „Gestern und es war lecker." *Gestern? Sie liegt schon seit Monaten im Bett und ich habe diese Dosen nie gesehen, nie geöffnet. Ich erwärme immer nur das Essen vom Bringdienst und reiche es ihr an, aber heute schmeckte ihr das Essen nicht. Also, was mache ich jetzt? Ich muss irgendwie diese Dosen hier rausschaffen, ohne dass sie es mitbekommt und was anderes zu essen auftischen. Die Dosen sind schon teilweise aufgebläht, die kriegt ja eine Botulismus-Vergiftung. Was mache ich nur?* „Mädchen, ich habe Hunger." „Ja natürlich, ich suche den Dosenöffner." *Zeit schinden, einfach Zeit schinden.* „Sie wissen doch, ich bin ein Tollpatsch, ich finde keinen Öffner." *Oh Gott, was mache ich bloß?*

Die hat ja keine Ahnung! Ich habe 30 Jahre im Laden gestanden, jeden Tag in meinem eigenen Laden. Ich weiß wohl, was ich essen darf und was nicht, die spinnt wohl. Keine Ahnung diese jungen Leute, alles schmeißen sie gleich weg. Ich habe tagein, tagaus von morgens bis abends in dem Laden gestanden, die Kinder nebenbei von der Theke aus großgezogen, immer waren sie um mich herum. Was weiß das junge Ding schon vom wahren Leben. Meine Füße waren oft abends blutig vom vielen Laufen und Stehen. Mein Rücken ist krumm und schmerzhaft, ich kann mich gar nicht erinnern, dass er mal nicht wehgetan hat. Jetzt bin ich ans Bett gefesselt und kann gar nicht mehr laufen. Beckenbruch, ich muss liegen und darf nicht aufstehen, so ein Mist. Das wird wohl noch länger dauern. Meine Kraft hat mich verlassen, ach könnte ich noch in meinem Laden stehen und meine Kinder wären noch bei mir, aber ich bin alleine. Jede Arbeit ist besser als zu liegen. *„Fr. W., ich bin gleich wieder da, ich habe meine Liste vergessen, die muss ich noch holen, sonst bekomme ich Ärger von der Chefin, Sie wissen ja."* „Ja natürlich Mädchen mach das, aber mach schnell, ich habe Hunger." Die ist heute aber ganz schön durcheinander. *„Ich bin gleich wieder da." Jetzt schnell gegenüber zum Geschäft eine Dose Bohnen kaufen und ihr geben. Dann meiner Chefin Bescheid sagen, dass wir aus dem Küchenfenster die Dosen rausschmuggeln müssen. Gedacht, getan. Meine Chefin stand am Küchenfenster und ich habe die Dosen aus dem Fenster gereicht, Problem erledigt. Wie meine Chefin die vielen Dosen weggeschafft hat, habe ich vergessen, aber es waren eine ganze Menge Dosen. Nach und nach haben wir ein paar neue Dosen gekauft und diese in den Schrank gestellt. Fr. W. war zufrieden und wir auch … Sie hat zu einer sehr schweren Zeit sehr hart arbeiten müssen. Damals wurde kein bisschen Essen weggeworfen. Aber wir sind ja keine Familie Borgia, wir wollen doch keinen vergiften. Und Kinder hat sie leider keine mehr. Diese alte Dame hängt an ihren Dosen, vielleicht, aber nur vielleicht sind es nicht die Dosen, sondern die vielen Erinnerungen, die sie damit verbindet. Erinnerungen, an denen sie hängt. Aber was weiß ich junges dummes Ding schon von Erinnerungen …*

Zuvor eine kleine Anekdote:

Eine Kollegin erzählte mir eine sehr interessante Geschichte. Sie arbeitete in einer Psychiatrie und eine Dame schrie immer wieder „Schwester, Schwester, da ist ein Fisch in meinem Bett, der ist so nass und kalt, nehmen Sie den raus bitte." Die Schwester ging an ihr Bett, natürlich lag da kein Fisch und schon gar nicht in ihrem Bett. Dieses Spiel ging einige Tage lang so weiter. Irgendwann war die Schwester überdrüssig und wusste sich nicht mehr zu helfen. Ihre Nerven waren zum Zerbersten gespannt, deswegen deckte sie endlich die Dame auf, nahm den Fisch aus dem Bett und spülte ihn das Klo herunter. Nun dachte sie, es wäre endlich gut. Da sagte die Dame ganz gelassen zu ihr „Naaa, wer ist denn hier verrückt – Sie oder ich?" … Nuuuun entscheiden Sie???

Fr. H. ist eine kleine zierliche Oma. Dort fahre ich jeden Tag 3-mal hin. Morgens zur morgendlichen Körperpflege und um Frühstück zu machen. Mittags machen wir das Essen warm und geben Tabletten und abends Abendbrot und dann kurz frischmachen und zu Bett bringen. Ihre Tochter und ihr Schwiegersohn wohnen in der oberen Etage und kümmern sich mit um die Mutti, wenn sie von der Arbeit wieder da sind. Ab und zu kommt der Enkel herunter und sie schauen gemeinsam dem Vogel im Käfig zu, wie er vor sich her zwitschert. Sie wohnt auf ca. 15 Quadratmeter mit eigenem Bad. Wohnzimmer und Schlafzimmer sind eins. Die meiste Zeit geht alles gut, aber heute ist alles anders. „Fr. H., guten Tag. Was machen Sie? Ich bringe das Mittagessen." Fr. H. steht mitten im Wohnzimmer und scheint etwas auf den Boden zu streuen, was nicht zu sehen ist und ruft: „Puuut, puuut, puuut … immer wieder. Ich setze das mitgebrachte Essen ab und frage sie nochmals. „Was machen Sie?" … „Ich füttere die Enten Mädchen, das siehst du doch. Hier hast du auch Futter." *Sie schüttet in meine Handfläche unsichtbares Entenfutter und es bleibt mir nichts anderes übrig als, na was wohl, Enten zu füttern.*

Nach einer Weile sage ich: „Haben Sie keinen Hunger, die Enten haben alles aufgefuttert, jetzt sind aber Sie dran. *Sie schaut sich um und sagt:* „Oh ja gerne" *Schließlich in dieser Welt wieder angekommen, setzt sie sich in ihren Sessel und isst Ihr Mittagessen.*

Ein anderes Mal komme ich zu ihr und sie liegt im Bett. Da liegt sie schon ein paar Tage, weil ihre Beine nicht mehr so wollen und sie muss sich ausruhen. Ich mache ihr das Abendbrot zurecht und sie sagt zu mir: „Aber die Mannschaft muss auch was haben". *Ich frage:* „Welche Mannschaft?" *Sie zeigt um ihre Bettdecke herum und sagt:* „Die Jungs müssen was zu essen haben." „*Ich antworte nach kurzer Überlegung:* „Die Mannschaft hat schon was gehabt." *Ich lege ihr einen Teller mit kleinen Brotstückchen auf das Bett und säubere unterdessen die Arbeitsfläche. Da höre ich, wie sie sagt:* „So ein Quatsch, die lügt, ich gebe euch was ab." *Dann verteilt sie scheinbar selbstverständlich ihre Brotstückchen im Bett. Erst bin ich etwas irritiert, dann fällt mir etwas ein. Ich beuge mich zu ihr über den Bettschott und wische ihr den Mund ab, entferne imaginäre Schmutzflecken vom Mund und sammle eben nebenbei die Brotstückchen hinterrücks wieder auf und lege sie auf den Teller zurück. Sie isst Ihr Abendbrot ohne weitere Vorkommnisse und dann sagt sie:* „Mädchen, ich habe mit 5 Männern in einer Kajüte geschlafen." *Dabei lächelt sie glücklich und zufrieden. Ein Lächeln, das ich noch nie zuvor bei ihr gesehen habe. Erst falle ich aus allen Wolken und bin sprachlos, aber sie sieht so glücklich aus, dann frage ich mit einem Auge zwinkernd:* „Ooohh!

Und war es denn schön?" „Ja, sehr schön." *Sie zwinkert mir zurück und schmunzelt, sie ist sichtbar glücklich über ihr offensichtlich sehr aufregendes Abenteuer gestern Nacht. Was sagen Sie, es war kein Abenteuer? Schließlich lag sie doch nur im Bett und ist einfach nur irre ... Vielleicht aber vielleicht auch nicht, wer weiß schon, was einmal war oder was nun wirklich ist. Oder wo sie heute Nacht war? Nun muss ich Ihnen auch einmal zuzwinkern. Vielleicht zwinkern Sie mir nach all den Geschichten jetzt auch zurück.*

Ich hoffe, ich konnte Ihnen einen kleinen Einblick in so manche seltsame Seele geben. Aber auch einen Einblick in Ihre eigene, das ist die interessanteste von allen. Und nun, ich habe Ihnen zu Anfang versprochen, Ihnen eine Frage nochmals zu stellen.

Wie denken Sie jetzt? Vielleicht, aber nur vielleicht sind Sie nun ein Sehender?

Die Autorin

Die 1972 in Ludwigshafen geborene Giovanna Di Carlo schloss 1993 ihre Schullaufbahn mit dem Abitur ab und begann ein Medizinstudium, das sie aus familiären Gründen abbrechen musste. Seit 1996 arbeitet sie in der Altenpflege, zahlreiche beeindruckende Begegnungen und wertvolle Erlebnisse bei dieser Tätigkeit inspirierten sie dazu, das Buch „Meiner Seele beraubt" zu schreiben. Die ledige Giovanna Di Carlo absolvierte zudem eine Ausbildung zur Massagetherapeutin und lebt heute in Ostfriesland.

Zu Hause bäckt sie gerne und beim Autofahren lauscht sie am liebsten einem Hörbuch. Auch ihren Mitmenschen kann sie gut zuhören –, wozu sie auch ihre Leserinnen und Leser auffordern möchte.

novum VERLAG FÜR NEUAUTOREN

Der Verlag

*Wer aufhört
besser zu werden,
hat aufgehört
gut zu sein!*

Basierend auf diesem Motto ist es dem novum Verlag
ein Anliegen neue Manuskripte aufzuspüren, zu ver-
öffentlichen und deren Autoren langfristig zu fördern.
Mittlerweile gilt der 1997 gegründete und mehrfach
prämierte Verlag als Spezialist für Neuautoren in
Deutschland, Österreich und der Schweiz.

**Für jedes neue Manuskript wird innerhalb
weniger Wochen eine kostenfreie, unverbind-
liche Lektorats-Prüfung erstellt.**

Weitere Informationen zum Verlag und
seinen Büchern finden Sie im Internet unter:

www.novumverlag.com